사랑스러운 동물 자수

ONE POINT STITCH ANIMAL SHISHYU 500

by Apple mints

© Apple mints 2016, Printed in Japan

Korean translation copyright © 2017 by JEUMEDIA

First published in Japan by Apple mints

Korean translation rights arranged with E&G CREATES

through Imprima Korea Agency.

[일러두기]

- 이 책의 작품은 모두 올림푸스 사의 25번 자수실과 샤이니 리플렉터 라메 자수실로 수놓았고,
  올림푸스 자수천(에미클로스 오프화이트)을 사용했습니다.
- 실의 색상은 p.52의 QR코드를 통해 확인할 수 있습니다.
- 인쇄물이기 때문에 천과 실의 색깔은 표시된 색 번호와 조금 다를 수도 있습니다.

프랑스 자수로 그리는 귀여운 동물 스티치 500

사랑스러운 동물 자수

applemints 엮음 | 남궁가윤 옮김

제우미디어

ANIMAL EMBROIDERY

Contents

동물원 l × **p.18-19**

동물원 ll × **p.20-21**

수족관 × **p.22** 환상의 동물 × **p.23**

숲속 동물 × **p.24-25**

목장 × **p.26-27**

작은 동물 × **p.28-29**

12 별자리 × p.30

어린 동물 × p.31

동화 속 동물 × p.32-33

패턴과 동물 × p.34-35

아름다운 새 × p.36-37

앵무새 × p.38

멋쟁이 동물 × p.39

강아지 × p.40-41

고양이 × **p.42-43**

동물 엠블럼 × **p.44**

서커스단 × **p.45**

알파벳 I × **p.46-47**

알파벳 II × **p.48-49**

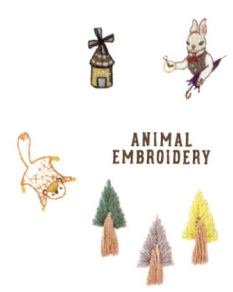

ANIMAL
EMBROIDERY

자수를 즐기는 법

이 책에서 소개한 도안을 다양한 아이템에 수놓았습니다.
카디건이나 모자 같은 의류에서부터 가방, 파우치와 같은 소품까지 마음에 드는 방법으로 장식하여 자수를 즐겨 보세요.

액자에 넣으면 화려한 인테리어 소품이 된답니다.

Photo_ p.22 (57~73)

밋밋한 손수건에 수놓아 포인트를 줘 보세요.

Photo_ p.26 (117)

언제나 들고 다니는 파우치에는 자수 브로치를 만들어서 달았어요.
✗
Photo_ p.32 (209)

카디건에도 살짝 장식해 봐요.
¤
Photo_ p.29 (155)

봉긋하니 귀여운 고양이의 발볼록살이 포인트랍니다.
¤
Photo_ p.42 (342)

요리가 즐거워지는 원포인트 자수예요.

Photo_ p.34 (234 · 235)

펠트에 수놓아서 아플리케 했어요.
ㅁ
Photo_ p.24 (97)

1인용 식탁매트는 가장자리에는 심플하지만 포인트가 되는 생쥐를 수놓았지요.
ㅁ
Photo_ p.28 (150)

경쾌한 느낌의 캡 모자에 수놓으니 한층 더 멋지죠.

Photo_ p.20 (36)

무늬 없는 가방이 화려하게 변신!

Photo_ p.42 (349)

쿠션에 수놓으면 방 분위기가 확 달라져요.

Photo_ p.41 (327 · 331)

양말에는 외출이 즐거워지는 디자인을 골라서 수놓아 보세요.

✂

Photo_ p.18 (2)

숄에 악센트가 되도록 곁들였어요.

✂

Photo_ p.19 (26)

열쇠고리로 만들어서 키 체인에 달았어요.
✄
Photo_p.34~35 (229·252·253)

마음에 드는 북 커버에 장식하면 책 읽는 시간이 더욱 즐거워지죠.
✄
Photo_p.49 (481)

15

16

17

19

20

18

21

22

24

23

26

25

27

28

29

31

30

32

33

34

35

36

37

38

39

40

41

42

ZOO

43 44 46 47 45 49 48 50 51 52 53 54 55 56

× 환상의 동물 ×

Design & stitch » annas
How to stitch » p.67

74

75

76

77

79

78

80

83

81

82

84

숲속 동물

85
86
87
88
89
90
91
92
93
94
95
96
97
98

× 목장 ×

114

115

116

117

118

119

120

121

122

123

124

125

126

127

128

129

130

131

132

133

134   135

136   137   138

139   140   141

155
156
158
157
159
160
162
164
161
163
165
166
167
168
169

184

185

186

187

188

189

193

192

190

191

194

195

196

197

Love

212

213

214

215

216

217

218

219

220

221

222

223

224

225

226

228

229

227

231

230

232

233 234 235 236 237 238

239

240

241

242

243

244

245

246   247   248   249

250

251   252   253   254

255

257

256

258

259

260

261

262

263

264

265

266

267

268

299

300

298

297

302

303

301

304

305

306

307

308

309

310

311

312

313

317

314

315

318

319

316

323

320

322

321

324

340

341

342

343

344

345

346

347

348

349

350

351

352

353

369 Roo ster SALT AND PEPPER

370 PIGLET

371

372 Cat

373

374 IN THE FOREST Jump BOUNCING DEER

375

376 BIRD

377 LOVE

378 PIG EON LOVE AND PEACE

379

380 WOLF FOREST

381 ELEP HANTS

382 The RABBIT LOVELY

Design » annas
Stitch » 사이토 미유키
How to stitch » p.89

383

384

385

386

387

388

389

390

391

392

393

394

395

396

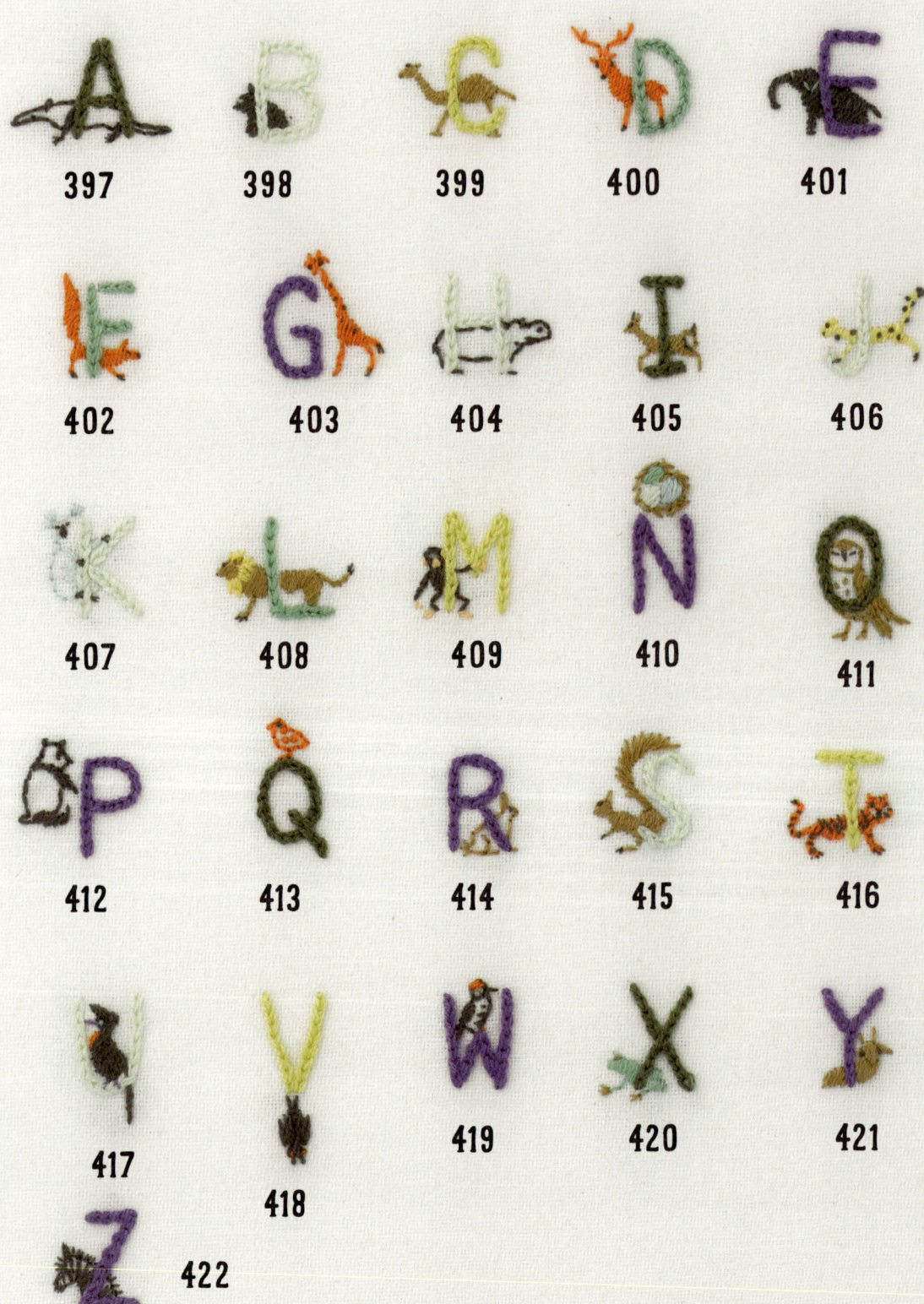

397   398   399   400   401

402   403   404   405   406

407   408   409   410   411

412   413   414   415   416

417   419   420   421

418

422

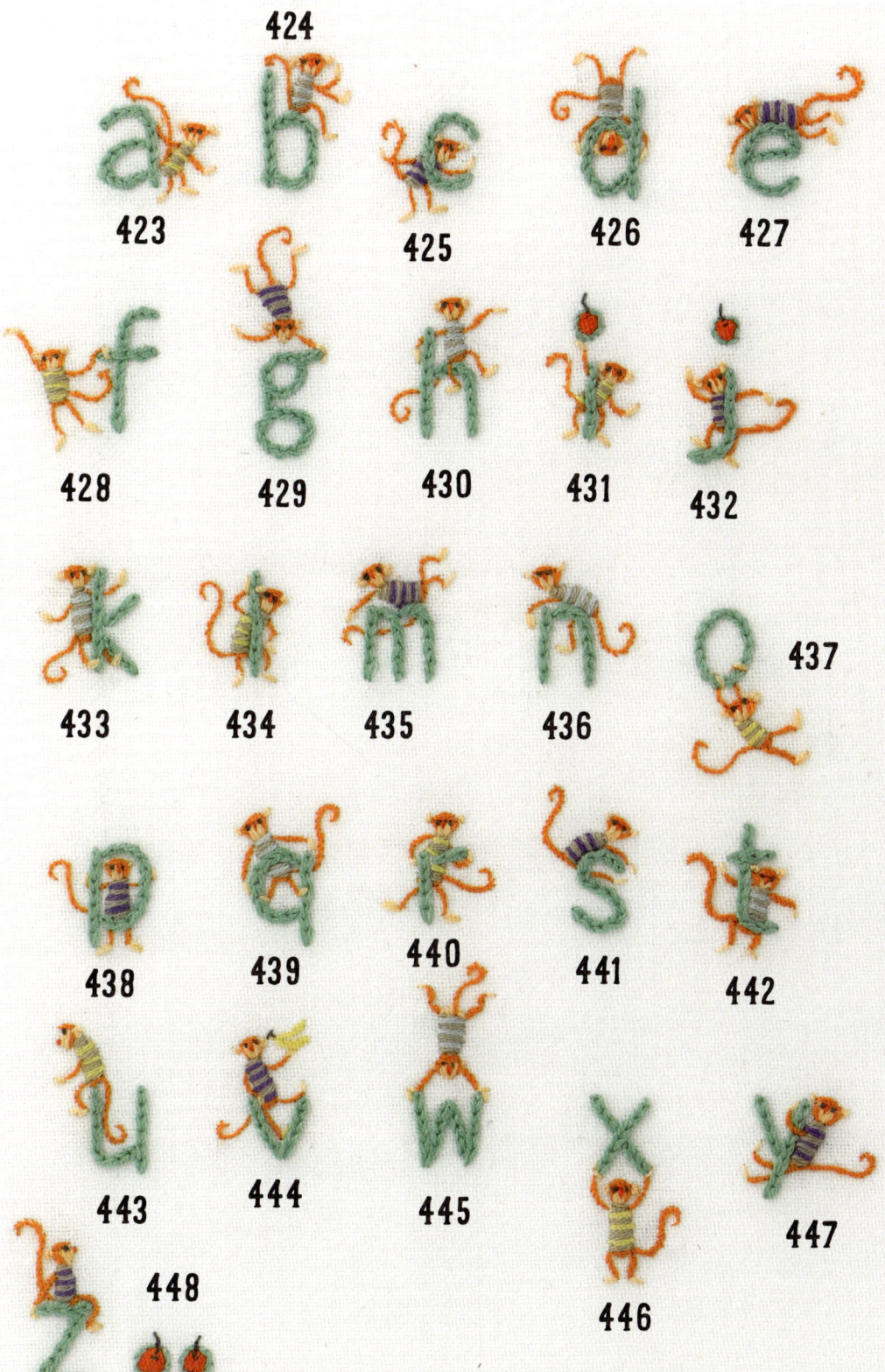

424

423 425 426 427

428 429 430 431 432

433 434 435 436 437

438 439 440 441 442

443 444 445 446 447

448

449 450 451 452 453

454 455 456 457 458

459 460 461 462 463

464 465 466 467 468 469

470 471 472 473 474

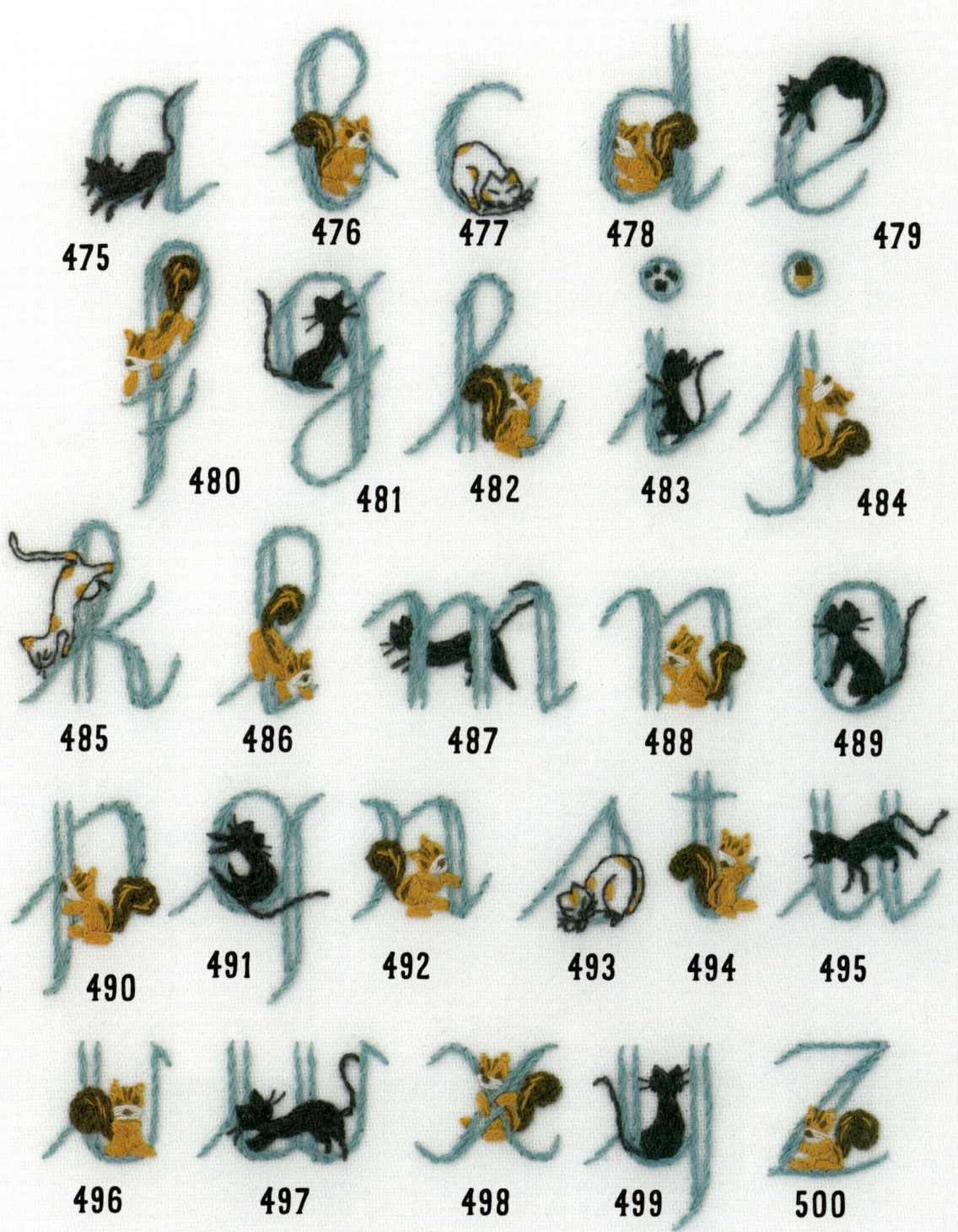

475 476 477 478 479

480 481 482 483 484

485 486 487 488 489

490 491 492 493 494 495

496 497 498 499 500

ANIMAL EMBROIDERY

BASIC

자수의 기초

자수를 시작하기 전에

준비물

1 25번 자수실

2 샤이니 리플렉터 라메 자수 실

3 프랑스 자수 바늘 (위에서부터) 3호, 5호, 7호

4 재단 가위

5 실 가위

6 천과 수틀

실

일반적으로 많이 사용하는 실이 25번 자수실입니다. 가는 실 6가닥이 1줄로 되어 있어서, 사용할 때에는 필요한 가닥수만큼 1가닥씩 뽑아서 가지런히 해서 씁니다. 라메 자수실도 25번 자수실과 마찬가지로 6가닥이 합해져 있습니다. 만드는 법 페이지에 있는 실 가닥수는 6가닥 중 몇 가닥을 사용하는지 표시한 것입니다.

 종이 띠에 쓰여 있는 숫자는 색 번호입니다. 'S+숫자'는 샤이니 리플렉터 라메 자수실의 품번입니다. 같은 색 자수 실을 더 사야할 때 등에 필요하므로, 종이 띠는 마지막까지 실에 끼워 두고 사용하세요.

✕ 이 책의 모든 작품은 모두 올림푸스 사의 25번 자수실과 샤이니 리플렉터 라메 자수실로 수놓았습니다. 실의 색상은 아래의 QR코드를 통해 확인할 수 있습니다.

올림푸스 25번
자수실 QR코드

샤이니 리플렉터
라메 자수실 QR코드

바늘

자수용 바늘은 일반 재봉 바늘보다 바늘귀가 크게 뚫려 있는 것이 특징이며 실을 끼우기 쉽게 만들어졌습니다. 바늘 끝이 뾰족한 프랑스 자수 바늘이 어떤 천에도 쉽게 통과하기 때문에 일반적으로 많이 씁니다. 바늘에도 크기가 있으므로, 사용할 자수실 가닥수에 맞춰서 사용합니다.

가위

자수실을 자를 때에는 끝이 가늘고 조그만 실 가위가 편리합니다. 잘 드는 가위가 하나 있으면 작업 진도도 빨라지지요. 원단을 자를 때에는 재단 가위를 사용하세요.

천과 수틀

면, 마, 모, 펠트 등 어떤 원단에도 자수를 할 수 있지만, 일반적으로는 평직 원단이 수놓기 편합니다. 올이 반듯한 자수용 원단이 많이 나와 있으니, 자수를 처음 하는 분에게는 이 종류를 권합니다.

자수틀은 천이 비뚤어지는 것을 막고 실을 지나치게 잡아당기지 않기 위해 사용합니다. 지름 10~12cm 수틀이 다루기 쉽습니다.

도안 옮겨 그리는 법

1 천 위에 수예용 먹지의 색이 묻은 쪽을 아래로 가게 올려놓습니다.

2 그 위에 도안을 옮겨 그린 트레이싱 페이퍼와 셀로판지를 겹칩니다.

※ 셀로판지는 골필이 잘 미끄러지도록 하여 도안을 보호하는 목적으로 사용합니다.

3 그 위에서 골필이나 다 쓴 볼펜 등으로 도안을 따라 그립니다.

4 도안을 다 옮겨 그렸습니다.

25번 자수실 다루는 법

1 자수실의 종이띠를 살짝 누르면서 실 끝을 가만히 잡아 뺍니다.

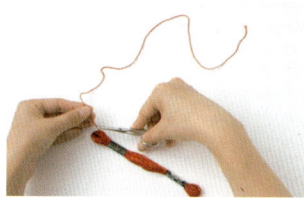

2 40~50cm 길이로 자릅니다.

3 실 끝을 풀어서 가는 실을 1가닥 잡아 뽑습니다.

4 필요한 가닥 수에 맞춰서 실을 가지런히 합니다.

※실 6가닥으로 수놓을 때에도 반드시 1가닥씩 뽑아서 가지런히 하여 사용합니다.

실 끼우는 법

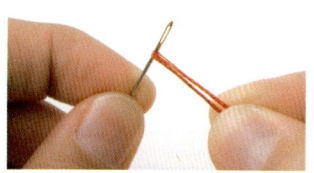

1 바늘 옆면에 실을 대고 살짝 눌러서 실에 접힌 자국을 만듭니다.

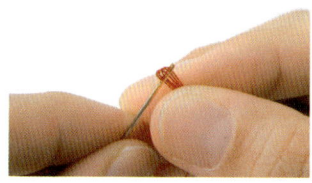

2 실이 뾰족하게 접힌 부분을 바늘귀에 끼웁니다.

3 실을 가만히 빼냅니다.

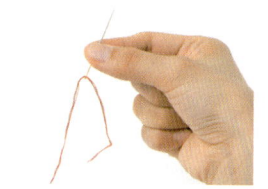

4 실 끝에서 10cm 정도를 끼워 둡니다.

매듭짓는 법

시작할 때 매듭짓기

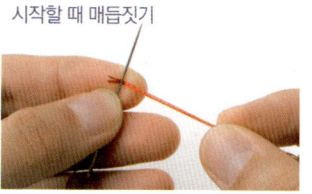

1 바늘을 실 끝에 댑니다.

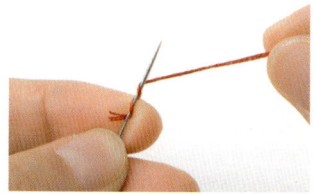

2 바늘에 실을 1~2번 감습니다.

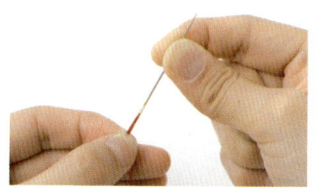

3 실을 감은 부분을 손가락으로 누른 채 바늘을 빼냅니다.

4 매듭 완성.

끝낼 때 매듭짓기

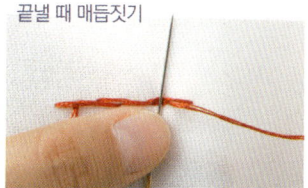

1 자수를 끝낼 자리(뒷면)에 바늘을 댑니다.

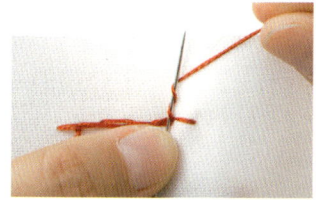

2 바늘에 실을 1~2번 감습니다.

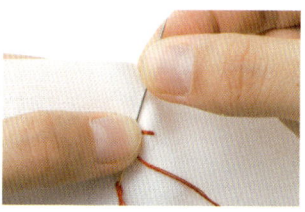

3 실을 감은 부분을 손가락으로 누른 채 바늘을 빼냅니다.

4 매듭 완성.

자수실 가닥 수와 느낌

실 가닥 수

25번 자수실은 정해진 가닥 수로 실을 나눠서 수를 놓습니다.

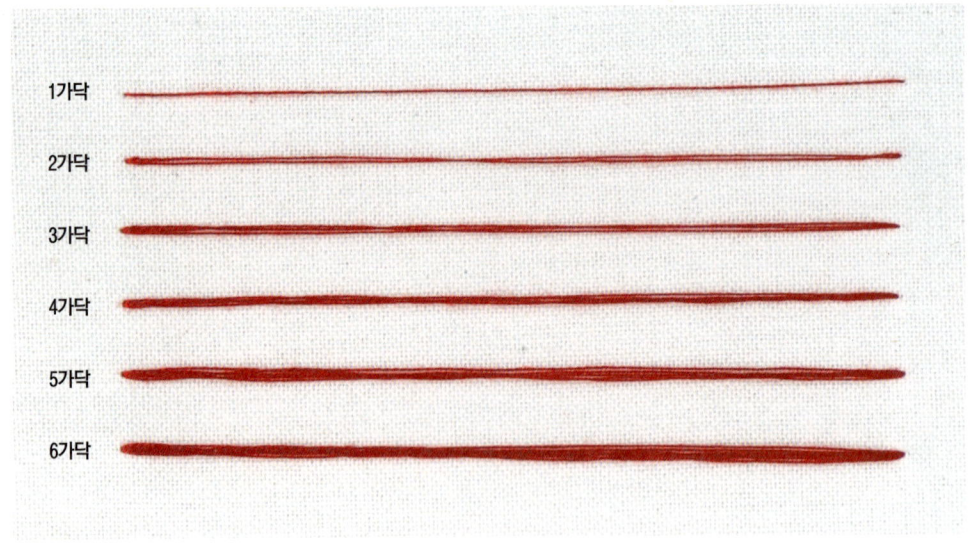

1가닥
2가닥
3가닥
4가닥
5가닥
6가닥

느낌의 차이

같은 스티치라도 실 가닥 수와 실을 감은 횟수에 따라 완성된 느낌이 다릅니다. 여기에서는 선, 매듭, 면을 메우는 자수를 예로 소개합니다. 도안을 변경해서 수 놓을 때 참고하세요.

❶ 백 스티치
❷ 프렌치 노트 스티치
❸ 체인 스티치로 면을 메운다

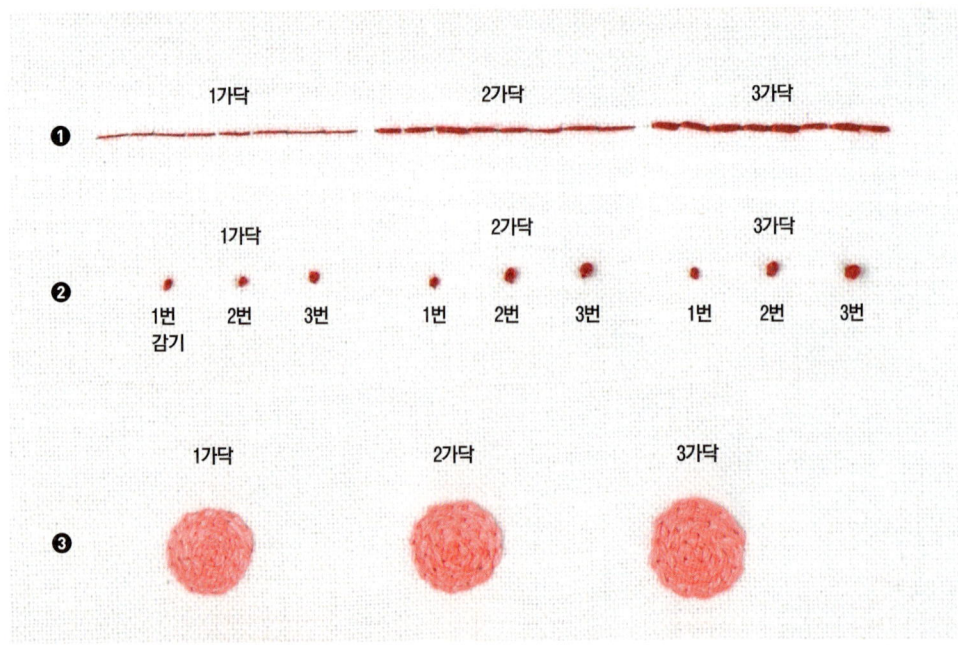

❶ 1가닥 2가닥 3가닥

❷ 1가닥 2가닥 3가닥
1번 감기 2번 3번 · 1번 2번 3번 · 1번 2번 3번

❸ 1가닥 2가닥 3가닥

작품의 앞면과 뒷면

실 끝을 처리할 때는 앞면에서 드러나지 않도록 조심합니다.
앞면에서 실이 비쳐 보일 수가 있으니, 같은 색깔 실이라도 수놓을 자리가 떨어져 있으면
걸쳐져 있는 실에 통과시키며 이동하든지 실을 한 번 자르고 새로 수를 놓기 시작합니다.

앞면   뒷면

기본 스티치 15가지

이 책에 나오는 스티치 15종류입니다.

※ 해설용이기 때문에 올림푸스 5번 자수실(초록 244, 연한 초록 251)로 수놓았습니다.

※ 도안 페이지에서는 스티치 이름에서 '스티치'를 생략했습니다.

×Straight Stitch×
스트레이트 스티치

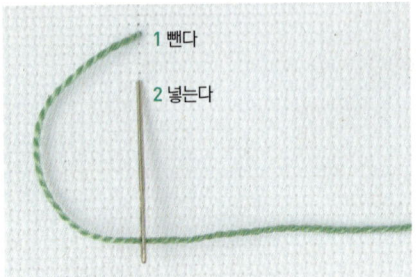

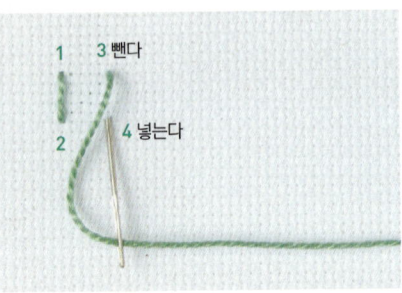

1 1에서 바늘을 빼서 2로 넣습니다. 이 한 땀이 스트레이트 스티치가 됩니다.

2 계속해서 수놓을 때에는 같은 방법으로 3~4로 바늘을 이동합니다.

×Running Stitch×
러닝 스티치

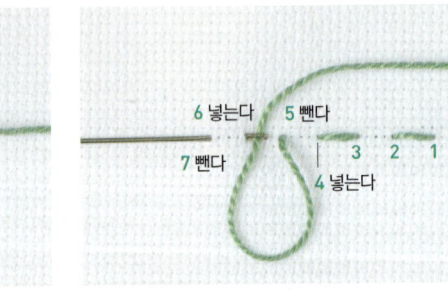

1 1에서 바늘을 빼서 2~3으로 한 땀씩 수놓습니다.

2 같은 방법으로 4~7로 바늘땀을 고르게 하며 수놓습니다.

×Back Stitch×
백 스티치

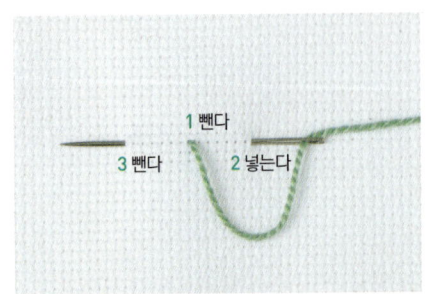

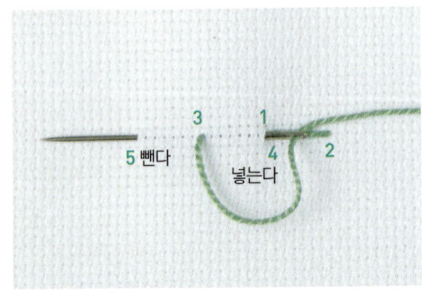

1 1에서 바늘을 빼서 한 땀만큼 돌아간 2로 바늘을 넣고 3으로 뺍니다.

2 같은 방법으로 3에서 한 땀만큼 돌아간 4(1과 같은 자리)에 바늘을 넣어서 5로 뺍니다.

× Outline Stitch ×
아우트라인 스티치

※ 왼쪽에서 오른쪽으로 수놓습니다.

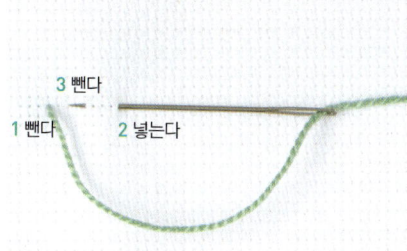

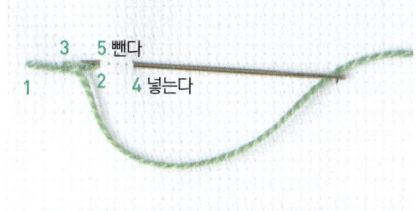

1 1에서 바늘을 빼서 1에서 한 땀만큼 앞인 2로 바늘을 넣고, 그 길이의 반인 3으로 뺍니다.

2 같은 방법으로 3에서 한 땀만큼 앞인 4로 바늘을 넣고, 그 길이의 반인 5(2와 같은 자리)로 뺍니다.

× Chain Stitch ×
체인 스티치

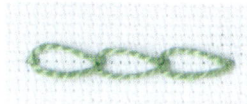

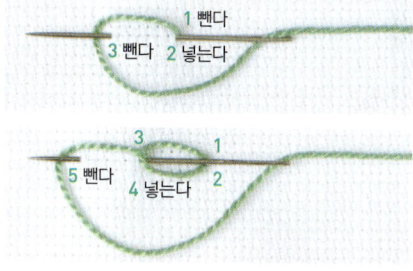

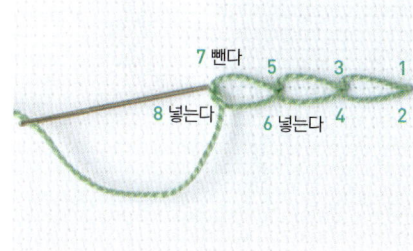

1 1에서 바늘을 빼서 2(1과 같은 자리)로 넣어서 3에서 뺍니다. 실을 바늘 끝에 걸고 바늘을 위쪽으로 끌어당깁니다. 같은 방법으로 4~5를 바늘로 떠서, 실을 바늘 끝에 걸고 바늘을 위쪽으로 끌어당깁니다.

2 마지막은 8(7에서 조금 앞쪽)에 넣습니다.

× French Knots Stitch ×
프렌치 노트 스티치

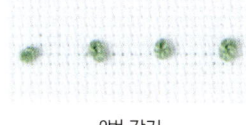

2번 감기

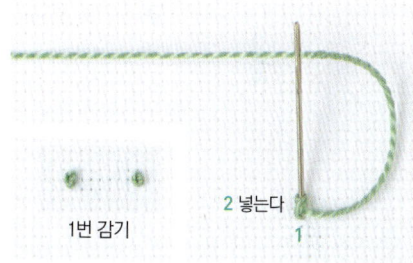

1번 감기

1 1에서 바늘을 빼서 바늘 끝에 실을 2번 감습니다.

2 바늘을 세워서, 2(1에서 조금 위쪽)에 바늘을 넣습니다. 1에서 실을 1번만 감으면 크기가 작은 매듭이 됩니다.

× Lazydaisies Stitch ×
레이지 데이지 스티치

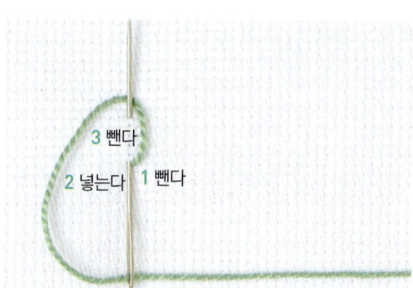

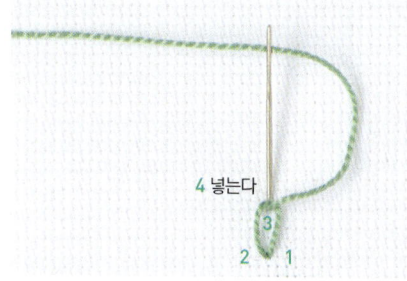

1 1에서 바늘을 빼서 2(1과 같은 자리)에 넣어서 3으로 뺍니다. 실을 바늘 끝에 걸고 바늘을 위로 끌어당깁니다.

2 4(3에서 조금 앞쪽)에 넣습니다.

× Satin Stitch ×
새틴 스티치

1 1에서 바늘을 빼서 2~3을 바늘로 뜹니다.

2 도안의 바깥 윤곽선에서 반대쪽 바깥 윤곽선으로 실을 걸치며 면을 메웁니다.

× Long and short Stitch ×
롱 앤드 쇼트 스티치

1 1에서 바늘을 빼서 2로 넣고 3(1보다 짧은 자리)에서 뺍니다.

2 도안의 선에서 긴 바늘땀과 짧은 바늘땀을 되풀이하며 면을 메웁니다.

× Cross Stitch ×
크로스 스티치

※ 실을 교차할 때는 위에 오는 실이 ╱이든 ╲이든 상관없지만, 같은 작품에서는 방향이 같도록 통일해서 수놓습니다.

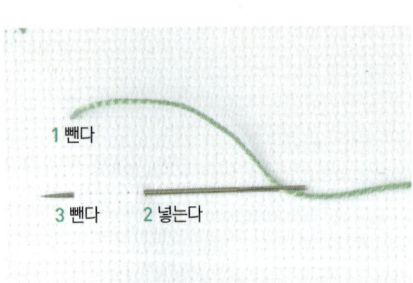

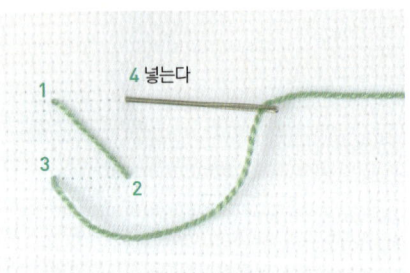

1 1에서 바늘을 빼서 2~3을 바늘로 뜹니다.

2 바늘을 4로 넣습니다.

× Fishbone Stitch ×
피시본 스티치

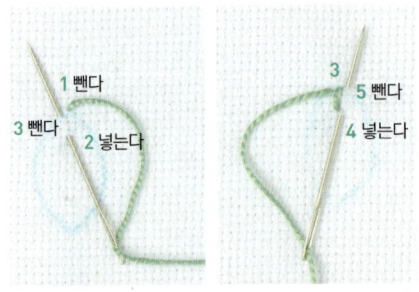

1 1에서 바늘을 빼서 2~3을 바늘로 뜹니다. 이번에는 바늘을 중심에서 조금 어긋나게 하여 반대쪽의 4에 넣어 5로 뺍니다.

2 그 다음은 1과 같이 움직여서 바늘을 중심에서 조금 어긋나게 하여 6에 넣어 7에서 뺍니다.

× **Bullion Stitch** ×
블리언 스티치

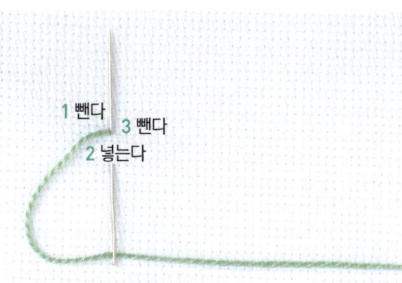

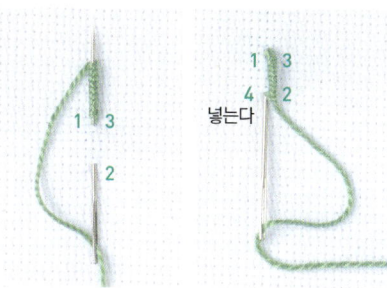

1 1에서 바늘을 빼서 2~3(1과 같은 자리)을 바늘로 뜹니다.

2 바늘 끝에 실을 정해진 횟수만큼 감고, 감긴 실을 살짝 누르면서 바늘을 빼냅니다. 2와 같은 자리에 바늘을 넣습니다.

× **Couching Stitch** ×
카우칭 스티치

※ 여기에서는 두 가지 색 자수실을 사용해서 해설했습니다(같은 색으로 수놓을 때도 있습니다).

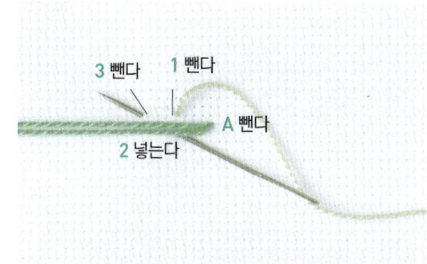

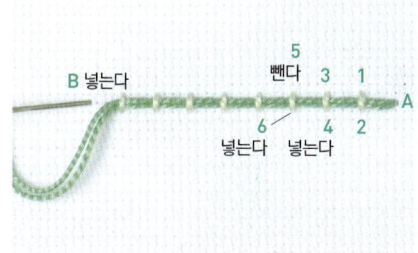

1 첫째 색깔 실(심이 되는 실)을 A에서 빼서 도안의 선을 따라 놓습니다. 둘째 색깔 실(고정하는 실)을 1에서 빼서 1의 바로 밑인 2에 넣어 3으로 뺍니다.

2 같은 방법으로 둘째 색깔 실(고정하는 실)로 첫째 색깔 실을 눌러 줍니다. 마지막에 첫째 색깔 실을 B에 넣습니다.

× **Fly Stitch** ×
플라이 스티치

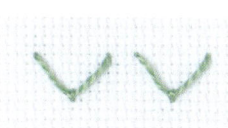

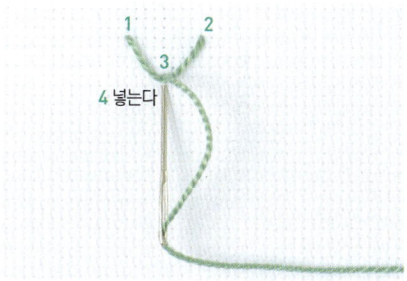

1 1에서 바늘을 빼서 실을 아래쪽으로 걸치면서 2~3을 바늘로 뜹니다.

2 처음 수놓은 실이 V자가 되도록 실을 당겨서 4에 바늘을 넣습니다.

× **Blanket Stitch** ×
블랭킷 스티치

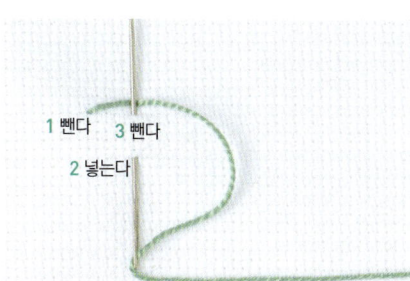

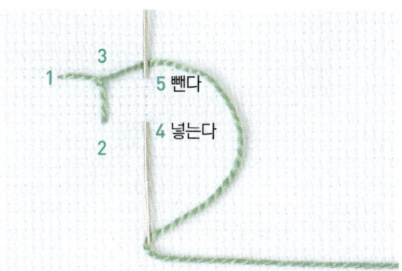

1 1에서 바늘을 빼서 실을 위쪽으로 걸치면서 2~3을 바늘로 뜹니다.

2 같은 방법으로 4~5를 바늘로 뜹니다.

ANIMAL EMBROIDERY

MAKE

도안

※ 도안은 모두 실제 크기

× 동물원 | ×

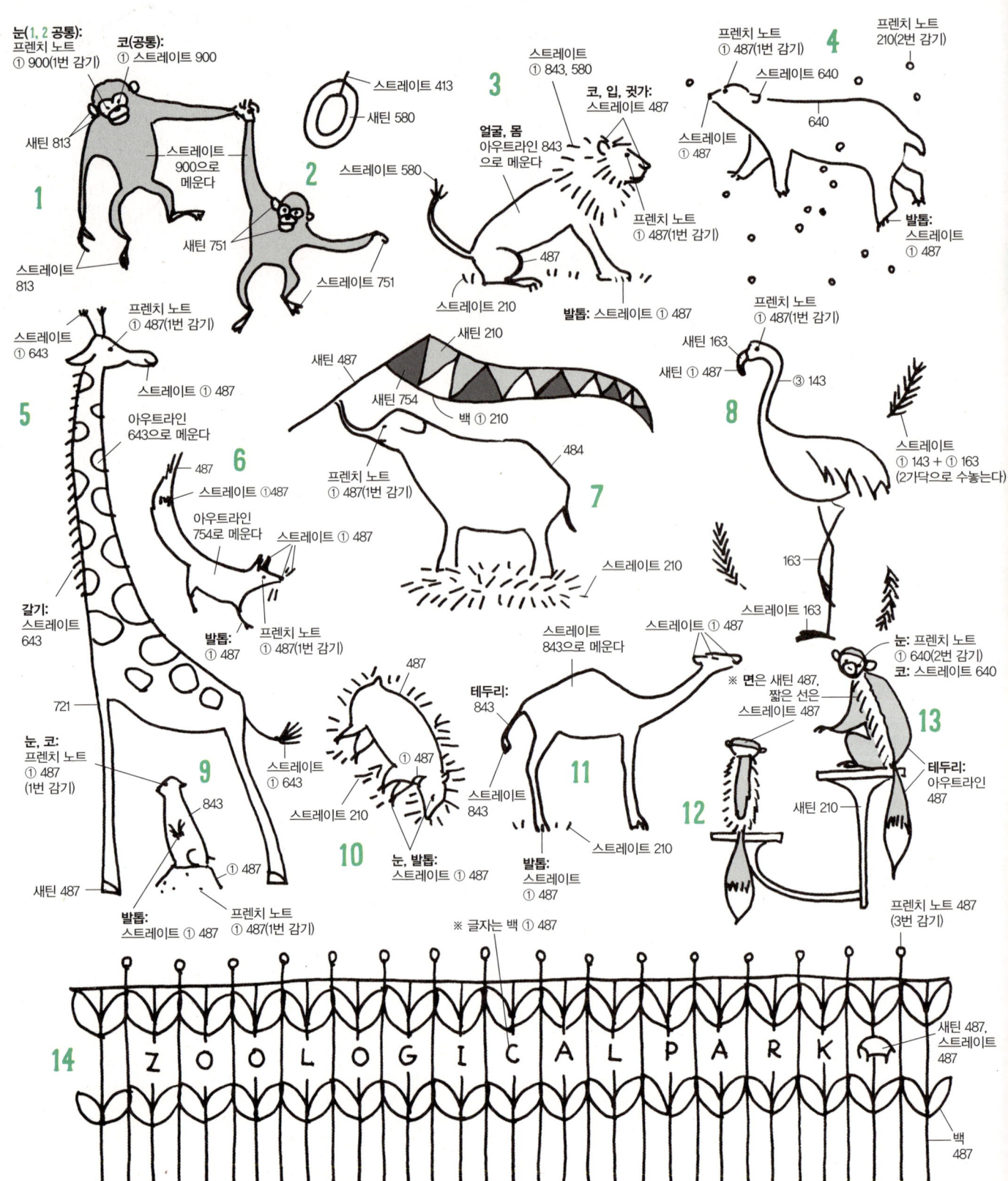

눈(1, 2 공통): 프렌치 노트 ① 900(1번 감기)

코(공통): ① 스트레이트 900

새틴 813

스트레이트 900으로 메운다

스트레이트 813

1

스트레이트 413

새틴 580

2

스트레이트 580

새틴 751

스트레이트 751

스트레이트 ① 843, 580

얼굴, 몸 아웃라인 843 으로 메운다

코, 입, 귓가: 스트레이트 487

프렌치 노트 ① 487(1번 감기)

스트레이트 210

발톱: 스트레이트 ① 487

3

프렌치 노트 ① 487(1번 감기)

프렌치 노트 210(2번 감기)

스트레이트 640

640

스트레이트 ① 487

발톱: 스트레이트 ① 487

4

스트레이트 ① 643

프렌치 노트 ① 487(1번 감기)

스트레이트 ① 487

아웃라인 643으로 메운다

갈기: 스트레이트 643

721

눈, 코: 프렌치 노트 ① 487 (1번 감기)

새틴 487

발톱: 스트레이트 ① 487

프렌치 노트 ① 487(1번 감기)

5

487

스트레이트 ①487

아웃라인 754로 메운다

스트레이트 ① 487

발톱: 487

프렌치 노트 ① 487(1번 감기)

6

843

9

새틴 210

새틴 487

새틴 754

백 ① 210

484

프렌치 노트 ① 487(1번 감기)

스트레이트 210

7

487

① 487

스트레이트 210

눈, 발톱: 스트레이트 ① 487

① 487

스트레이트 ① 643

10

테두리: 843

스트레이트 843

발톱: 스트레이트 ① 487

스트레이트 210

스트레이트 843으로 메운다

스트레이트 ① 487

11

※ 글자는 백 ① 487

프렌치 노트 ① 487(1번 감기)

새틴 163

새틴 ① 487

③ 143

8

스트레이트 ① 143 + ① 163 (2가닥으로 수놓는다)

163

스트레이트 163

※ **면은** 새틴 487, 짧은 선은 스트레이트 487

12

눈: 프렌치 노트 ① 640(2번 감기)

코: 스트레이트 640

13

테두리: 아웃라인 487

새틴 210

프렌치 노트 487 (3번 감기)

14 ZOOLOGICAL PARK

새틴 487, 스트레이트 487

백 487

○ 안은 실 가닥수, 정해진 곳 이외에는 2가닥, 숫자는 색 번호, 정해진 곳 이외에는 아우트라인으로 수놓는다.

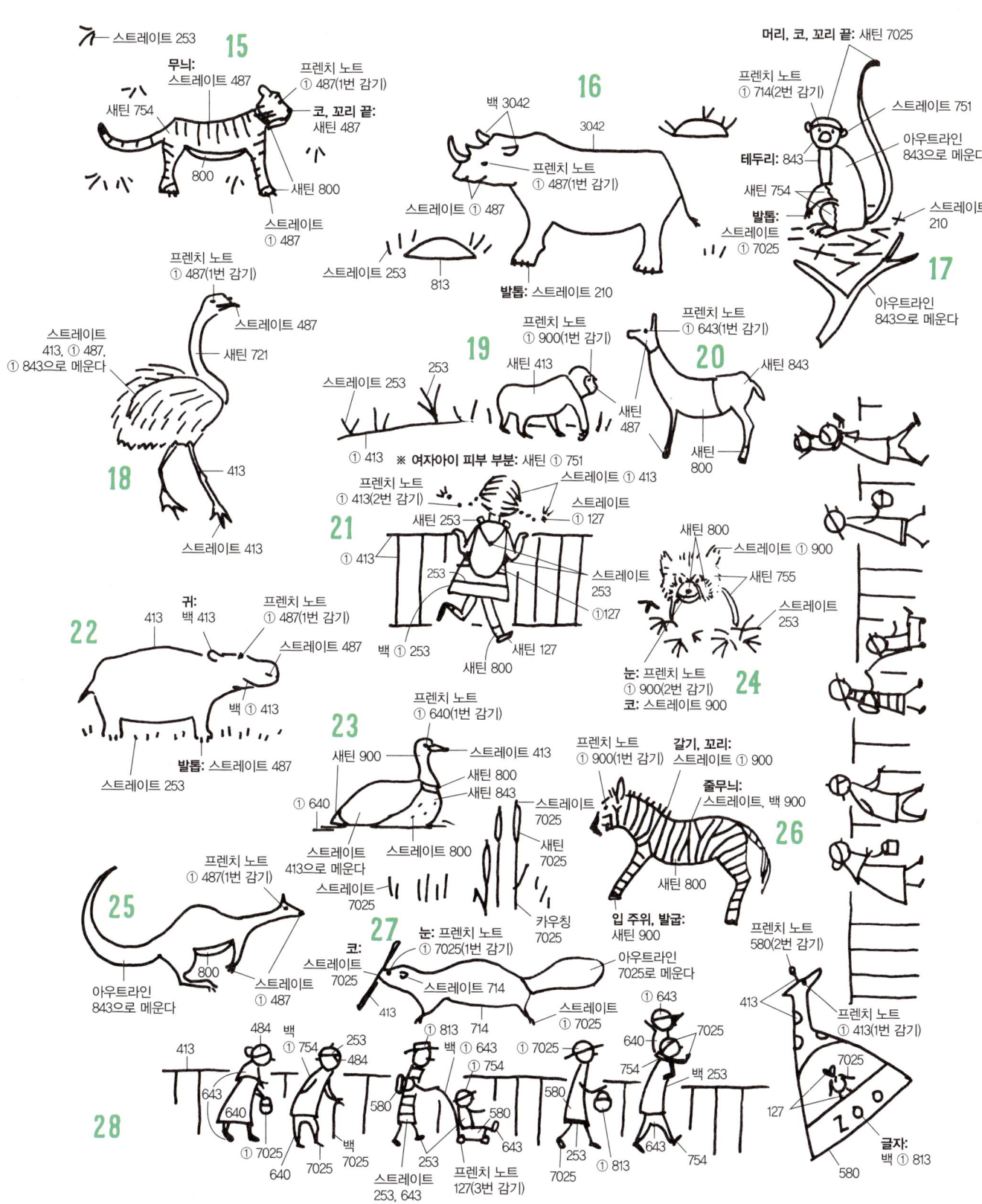

※ 얼굴은 새틴 751, 팔다리, 코는 스트레이트 751로 수놓는다. 옷 같은 면은 새틴, 정해진 곳 이외의 짧은 선은 스트레이트로 수놓는다.

29
프렌치 노트 276(1번 감기)으로 메운다
롱 앤드 쇼트 735
아우트라인 900
아우트라인 486

프렌치 노트 274 (2번 감기)로 메운다
프렌치 노트 277 (1번 감기)로 메운다

31
스트레이트 ① 7020으로 메운다
스트레이트 ① 900
갈기: 스트레이트 ① 7025
새틴 ① 7025
테두리: 백 ① 7025

30
스트레이트 ① 7020으로 메운다
스트레이트 ① 7020으로 메운다
새틴 ① 7025
테두리: 백 ① 7025
아우트라인 ① 7025
스트레이트 ① 900
스트레이트 ① 842로 메운다

아우트라인 303

34
새틴 742
롱 앤드 쇼트 900
새틴 ① 765
아우트라인 3043
눈: 스트레이트 900
스트레이트 813

32

33
새틴 ① 7025

35
스트레이트 ① 736   스트레이트 ① 900
아우트라인 ① 737

36
아우트라인 415
새틴 580
테두리: 스트레이트 ① 736
눈, 코: 스트레이트 ① 900
수염: 스트레이트 ① 811
롱 앤드 쇼트 739
발가락: 스트레이트 ① 165
롱 앤드 쇼트 736
테두리: 아우트라인 739
롱 앤드 쇼트 ① 485
러닝 220
백 900
백 415

37
테두리: 백 ① 441
눈 주위, 귓가, 코밑: 스트레이트 ① 811
검은자위, 코: 새틴 ① 900
스트레이트 744로 메운다
스트레이트 844로 메운다
스트레이트 742로 메운다
스트레이트 743으로 메운다
백 844
입: 백 ① 441
새틴 ① 2072
스트레이트 ① 441
아우트라인 ① 2072
롱 앤드 쇼트 485
롱 앤드 쇼트 ① 811

38
눈: 스트레이트 900
아우트라인 743
아우트라인 765

39
눈 주위: 백 ① 561
검은자위: 스트레이트 ① 900
아우트라인 ① 765
아우트라인 144
아우트라인 561
스트레이트 + 아우트라인 ② 765
러닝 220

40
아우트 라인 170
아우트라인 900

41
스트레이트 487
눈: 스트레이트 900
아우트라인 486
아우트라인 815
백 815

42
스트레이트 210으로 메운다
백 900
새틴 900
스트레이트 900
백 214
스트레이트 216
새틴 216
새틴 900

○ 안은 실 가닥수, 정해진 곳 이외에는 2가닥, 숫자는 색 번호.

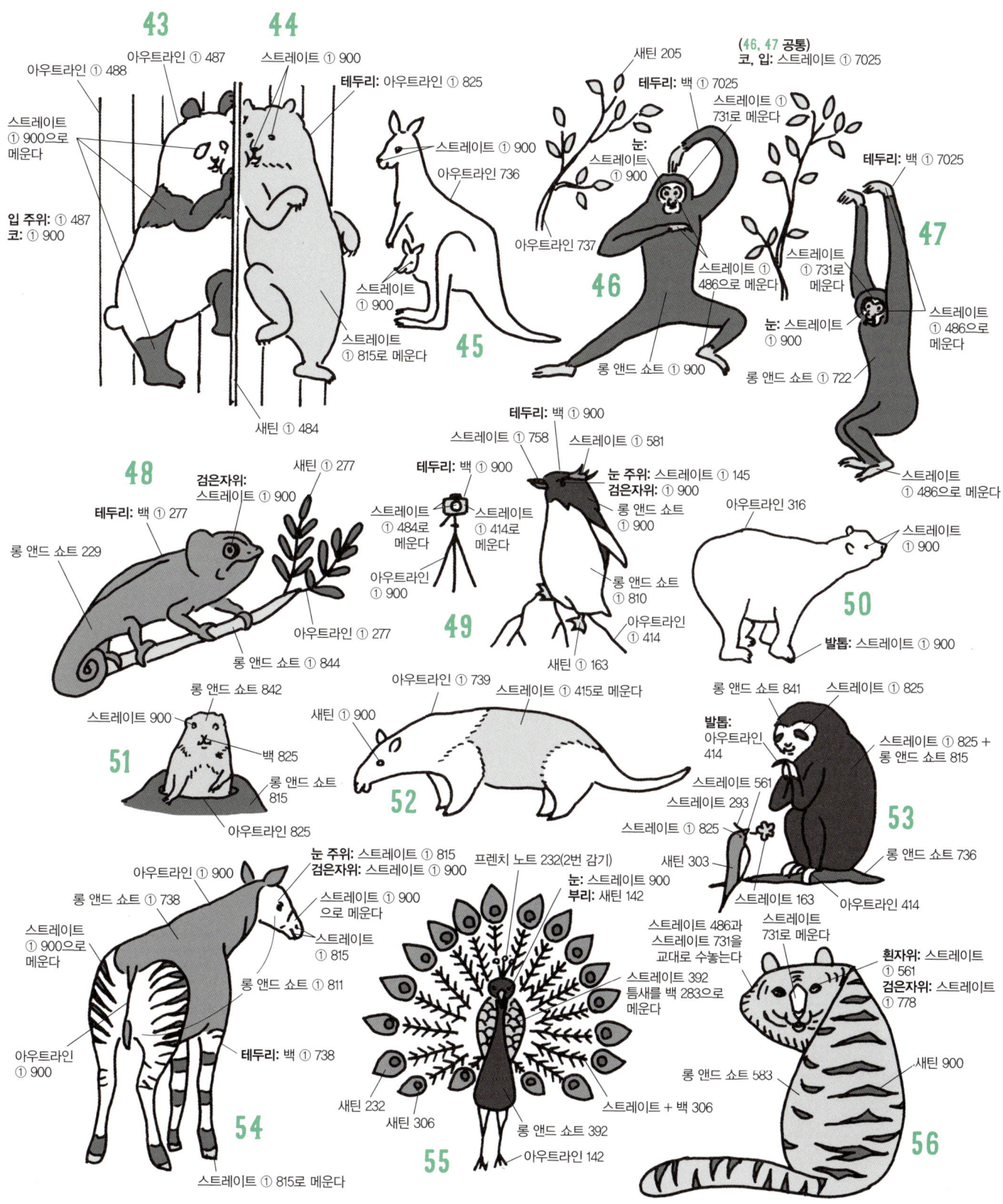

× 수족관 ×

○ 안은 실 가닥수, 정해진 곳 이외에는 2가닥, 숫자는 색 번호, 정해진 곳 이외에는 새틴, 눈은 프렌치 노트 2번 감기.

57

143

58

눈: 2039　스트레이트 2039

59

2039　850

342

850

343

2039

눈: 343

850

아웃라인 342

143

60

눈: 343

850

눈: 343

342

61

5205

62

5205

아웃라인 342

63

눈: 342

342

143

342

2039

5205

64

눈: 343

백 342

5205

342

65

66

프렌치 노트 900
(2번 감기)

아웃라인 900

67

342

눈: 343

68

343

코: 343
입: 스트레이트 343

5205

눈: 343

새틴 850 위에
아웃라인 343

73

143

2039

850

342

72

스트레이트 343

343

5205

체인 143

70

71

69

66

× 환상의 동물 ×

Photo » p.23

○ 안은 실 가닥수, 정해진 곳 이외에는 2가닥. 숫자는 색 번호.
정해진 곳 이외의 면은 새틴, 선은 아우트라인. 프렌치 노트는 2번 감기. 눈은 정해진 곳 이외에는 프렌치 노트 343.

74

143

75

스트레이트 850
343
342
143
2039
스트레이트 343
143
143 위에 아우트라인 850

76

342
5205
5205
342
백 342

스트레이트 343
850
143
343
백 343

77

5205
2039
850
5205

79

2039
5205
343
343
850

78

스트레이트 343
5205
2039
343

80

342
스트레이트 850
343

83

143
레이지 데이지 143
143 위에 스트레이트 2039
343 위에 스트레이트 850
스트레이트 343
143
5205
343
체인 5205
2039
343

81

850
2039
343

342
백 342
프렌치 노트 342
5205

82

스트레이트 143
850
5205
143
143

84

2039
850
343
143
850
850
프렌치 노트 143

67

✕ 숲속 동물 ✕

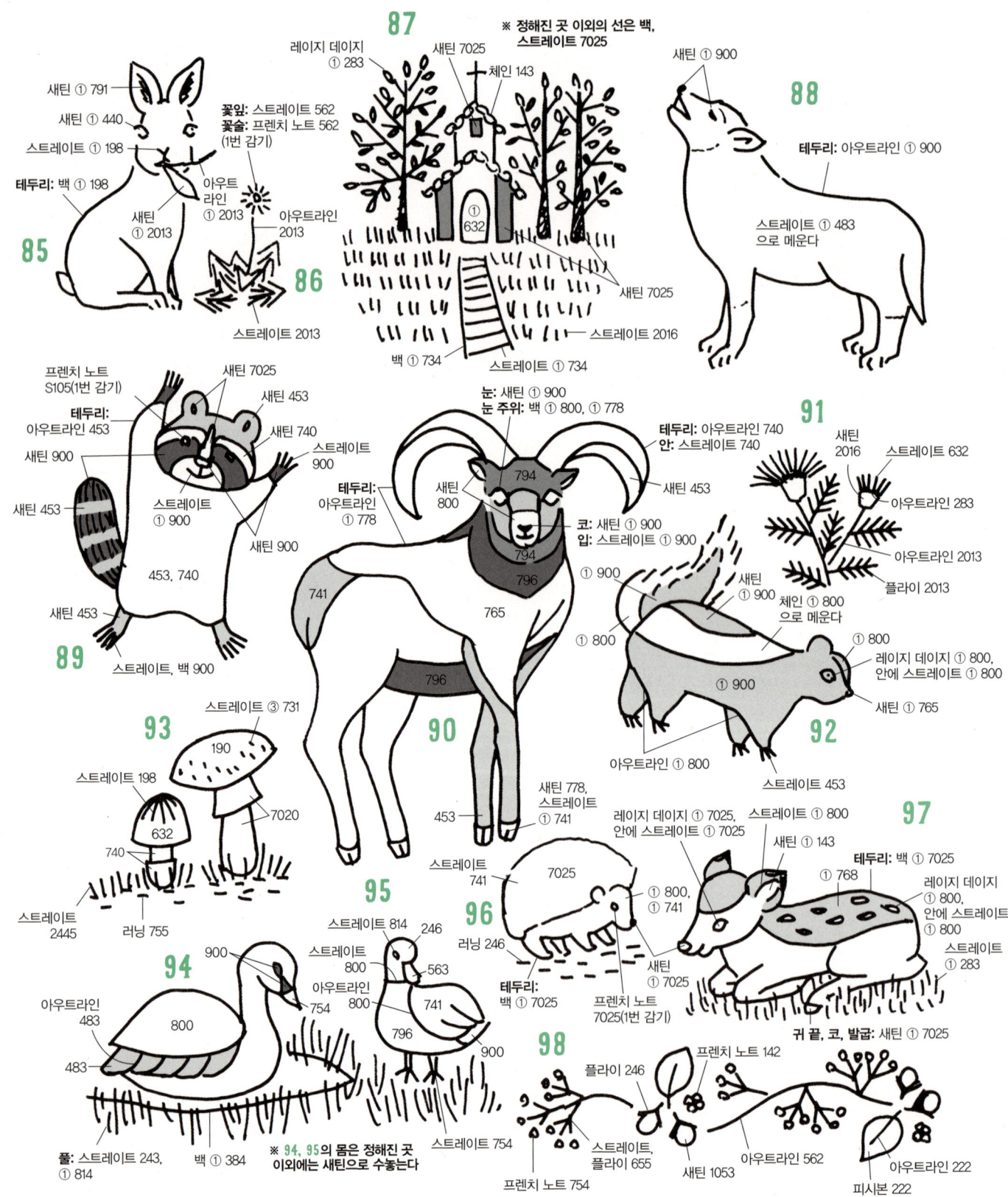

85
새틴 ① 791
새틴 ① 440
스트레이트 ① 198
테두리: 백 ① 198
새틴 ① 2013

꽃잎: 스트레이트 562
꽃술: 프렌치 노트 562
(1번 감기)
아우트 라인 ① 2013

86
아우트라인 2013
스트레이트 2013

87
레이지 데이지 ① 283
새틴 7025
체인 143
※ 정해진 곳 이외의 선은 백,
스트레이트 7025
① 632
새틴 7025
스트레이트 2016
백 ① 734
스트레이트 ① 734

88
새틴 ① 900
테두리: 아우트라인 ① 900
스트레이트 ① 483
으로 메운다

89
프렌치 노트
S105(1번 감기)
새틴 7025
새틴 453
새틴 740
테두리:
아우트라인 453
스트레이트
900
새틴 900
새틴 453
스트레이트
① 900
새틴 900
453, 740
새틴 453
스트레이트, 백 900

90
눈: 새틴 ① 900
눈 주위: 백 ① 800, ① 778
테두리: 아우트라인 740
안: 스트레이트 740
새틴 453
새틴 800
테두리:
아우트라인
① 778
794
코: 새틴 ① 900
입: 스트레이트 ① 900
794
796
741
765
796
453
새틴 778,
스트레이트
① 741

91
새틴 2016
스트레이트 632
아우트라인 283
아우트라인 2013
플라이 2013

① 900
새틴
① 900
체인 ① 800
으로 메운다
① 800
① 900
아우트라인 ① 800
스트레이트 453

92
① 800
레이지 데이지 ① 800,
안에 스트레이트 ① 800
새틴 ① 765

93
스트레이트 ③ 731
190
스트레이트 198
7020
632
740
스트레이트
2445
러닝 755

94
900
아우트라인
483
800
483
풀: 스트레이트 243,
① 814
백 ① 384

95
스트레이트 814
246
스트레이트
800
563
아우트라인
800
754
741
796
900
스트레이트 754
※ **94, 95**의 몸은 정해진 곳
이외에는 새틴으로 수놓는다

96
스트레이트
741
7025
러닝 246
테두리:
백 7025
레이지 데이지 ① 7025,
안에 스트레이트 7025
① 800,
① 741
새틴
① 7025
프렌치 노트
7025(1번 감기)

97
스트레이트 ① 800
새틴 ① 143
① 768
테두리: 백 ① 7025
레이지 데이지
① 800,
안에 스트레이트
① 800
스트레이트
① 283
귀 끝, 코, 발굽: 새틴 ① 7025

98
플라이 246
프렌치 노트 142
스트레이트,
플라이 655
아우트라인 562
아우트라인 222
프렌치 노트 754
새틴 1053
피시본 222

○ 안은 실 가닥수, 정해진 곳 이외에는 2가닥. 숫자는 색 번호.
정해진 곳 이외의 면은 롱 앤드 쇼트로 수놓는다. 프렌치 노트는 정해진 곳 이외에는 2번 감기.

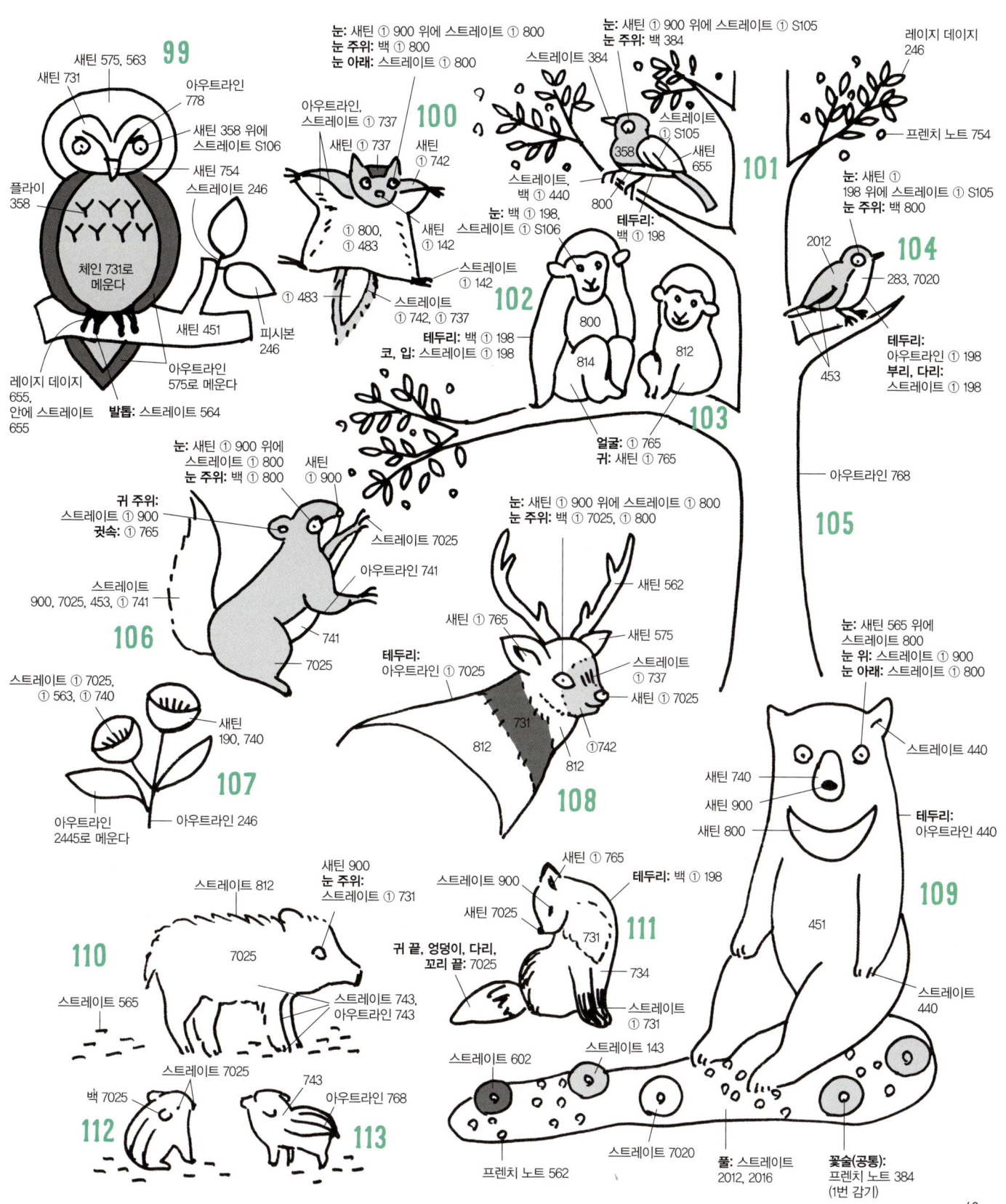

○ 안은 실 가닥수, 정해진 곳 이외에는 1가닥. 숫자는 색 번호.

× 목장 ×

Photo » p.26-27

115

116

모든 테두리: 백 488

스트레이트 210+
스트레이트 2070
으로 메운다

스트레이트
314로 메운다

스트레이트
1027로 메운다

스트레이트
744로 메운다

스트레이트
237로
메운다

스트레이트
246으로 메운다

테두리: 백 825

스트레이트 142로 메운다

스트레이트 900

114

스트레이트
275로 메운다

롱 앤드 쇼트 7010

스트레이트 488

롱 앤드 쇼트 ② 741

테두리:
아우트라인 ② 738

롱 앤드 쇼트 ② 745

테두리: 백 415

아우트라인 145

스트레이트
735

스트레이트 825

스트레이트
900

롱 앤드 쇼트 900

아우트라인 386

스트레이트
415

117

새틴 561

새틴 561

백 453

118

스트레이트 275

119

스트레이트 ② 813으로 메운다

아우트라인 ② 487

새틴
② 487

블리언 ② 644(3번 감기)

스트레이트 485로 메운다

스트레이트
900

새틴 ② 366

스트레이트
② 900

롱 앤드 쇼트
② 366

120

아우트라인 ② 277

122

아우트라인 488

123

새틴 ② 484

새틴 ② 277

아우트라인 488

새틴 ② 900

아우트라인 ②
② 486

스트레이트
② 900과
스트레이트
② 487을
교대로 수놓는다

아우트라인
488

스트레이트
453으로
메운다

아우트라인 488

124

스트레이트 900

125

테두리:
아우트라인 488

새틴 ② 484

스트레이트
② 486

스트레이트
3041로 메운다

아우트라인
488

121

스트레이트
488

스트레이트
485로 메운다

백 488

스트레이트
741로 메운다

아우트라인
488

테두리:
아우트라인 488

126

스트레이트
900

테두리:
아우트라인 488

스트레이트
722로
메운다

스트레이트
741로 메운다

스트레이트
810으로
메운다

스트레이트
532로 메운다

스트레이트 900

스트레이트 145로 메운다

스트레이트
736으로 메운다

스트레이트
532로
메운다

스트레이트
561로
메운다

스트레이트
900

스트레이트
488

스트레이트 7025

스트레이트 561로 메운다

127

128

129

스트레이트
532로 메운다

130

테두리:
아우트라인 488

스트레이트
733으로 메운다

테두리: 아우트라인 488

스트레이트 7025

132

스트레이트
561로 메운다

131

스트레이트
142로 메운다

스트레이트
7020으로 메운다

○ 안은 실 가닥수, 정해진 곳 이외에는 2가닥. 숫자는 색 번호.

133

아우트라인 739
스트레이트 392

134

롱 앤드 쇼트 413
롱 앤드 쇼트 421
테두리: 백 ① 415
스트레이트 ① 413과
스트레이트 ① 421을
교대로 수놓는다

꼬리:
스트레이트 ① 413과
① 421을 교대로
수놓는다

프렌치 노트 765
(3번 감기)

눈 주위:
스트레이트 421
검은자위:
스트레이트 900

롱 앤드 쇼트 421

발굽: 스트레이트
413으로 메운다
스트레이트 245

135

테두리: 백 ① 415
스트레이트 ① 738
롱 앤드 쇼트 ① 900

스트레이트
742로
메운다
스트레이트 392

테두리: 아우트라인 738

체인 733으로 메운다

138

스트레이트 742로 메운다

136

프렌치 노트 813
(2번 감기)으로 메운다
스트레이트 ① 392
롱 앤드 쇼트 ① 900

새틴 ① 900
스트레이트 ① 815로 메운다

137

스트레이트 581로 메운다

아우트라인 275
새틴 275

139

새틴 1706
새틴 561
스트레이트 488
새틴 625
새틴 262
새틴 765
스트레이트 625

140

흰자위: 스트레이트 304
검은자위: 스트레이트 825
아우트라인 743
아우트라인
① 486
새틴 561
스트레이트
739
스트레이트 237
아우트라인
486

141

스트레이트
① 488
백 221
새틴 365 + 스트레이트 291
스트레이트 ①
488로 메운다
아우트라인
900

눈:
스트레이트 386
눈 주위:
백 ① 900

스트레이트 ①
765로 메운다

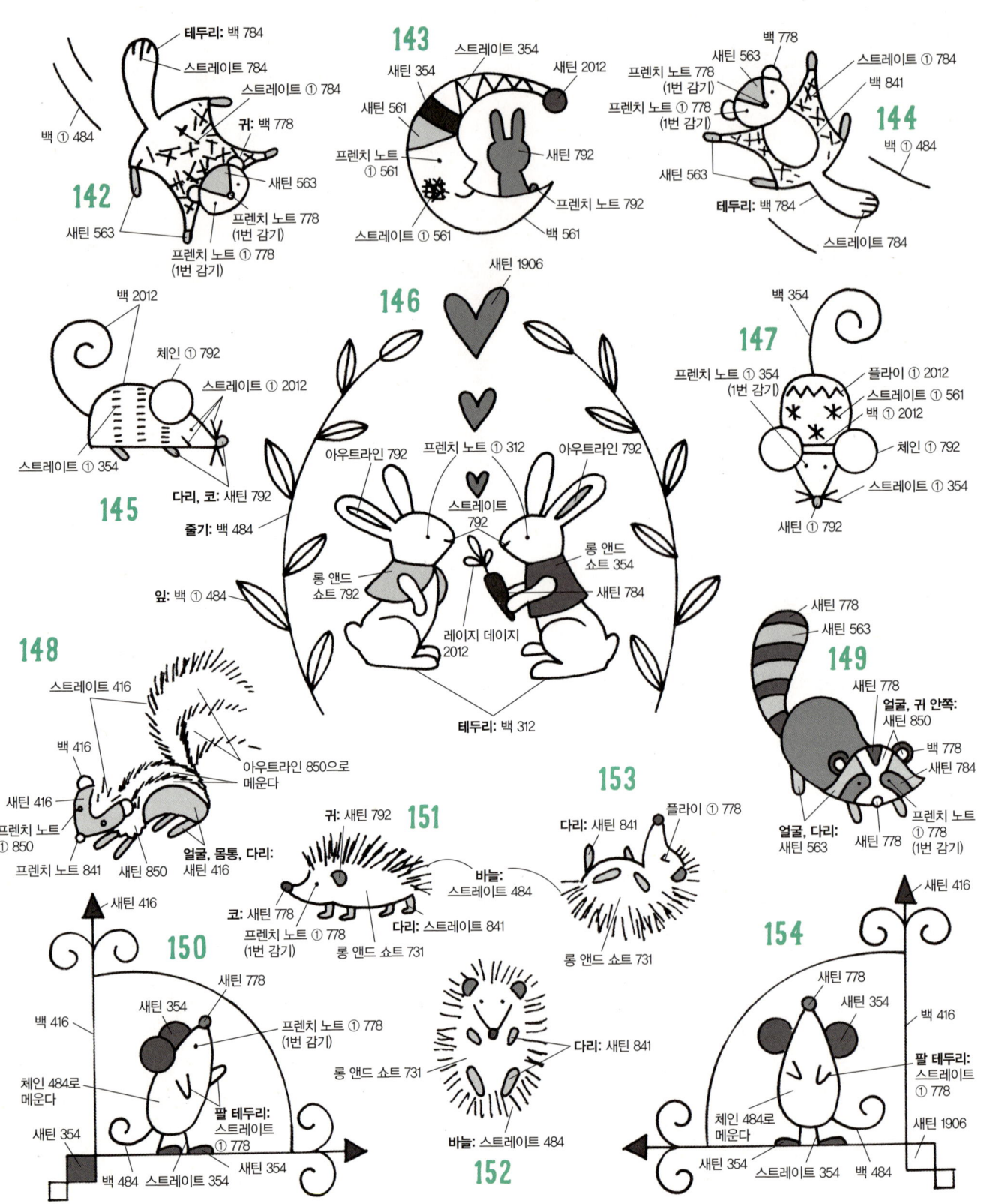

142
테두리: 백 784
스트레이트 784
스트레이트 ① 784
귀: 백 778
백 ① 484
새틴 563
새틴 563
프렌치 노트 778
(1번 감기)
프렌치 노트 ① 778
(1번 감기)

143
스트레이트 354
새틴 354
새틴 2012
새틴 561
프렌치 노트
① 561
새틴 792
프렌치 노트 792
백 561
스트레이트 ① 561

144
백 778
새틴 563
스트레이트 ① 784
프렌치 노트 778
(1번 감기)
백 841
프렌치 노트 ① 778
(1번 감기)
새틴 563
테두리: 백 784
스트레이트 784
백 ① 484

145
백 2012
체인 ① 792
스트레이트 ① 2012
스트레이트 ① 354
다리, 코: 새틴 792
줄기: 백 484

146
새틴 1906
아우트라인 792
프렌치 노트 ① 312
아우트라인 792
스트레이트 792
롱 앤드 쇼트 792
레이지 데이지 2012
롱 앤드 쇼트 354
새틴 784
잎: 백 ① 484
테두리: 백 312

147
백 354
프렌치 노트 ① 354
(1번 감기)
플라이 ① 2012
스트레이트 ① 561
백 ① 2012
체인 ① 792
스트레이트 ① 354
새틴 ① 792

148
스트레이트 416
백 416
새틴 416
프렌치 노트
① 850
프렌치 노트 841
새틴 850
아우트라인 850으로
메운다
얼굴, 몸통, 다리:
새틴 416

149
새틴 778
새틴 563
새틴 778
얼굴, 귀 안쪽:
새틴 850
백 778
새틴 784
얼굴, 다리:
새틴 563
새틴 778
프렌치 노트
① 778
(1번 감기)

150
새틴 416
백 416
새틴 778
새틴 354
프렌치 노트 ① 778
(1번 감기)
체인 484로
메운다
새틴 354
팔 테두리:
스트레이트
① 778
백 484
스트레이트 354
새틴 354

151
귀: 새틴 792
코: 새틴 778
프렌치 노트 ① 778
(1번 감기)
롱 앤드 쇼트 731
다리: 스트레이트 841
바늘:
스트레이트 484

152
롱 앤드 쇼트 731
다리: 새틴 841
바늘: 스트레이트 484

153
다리: 새틴 841
플라이 ① 778
롱 앤드 쇼트 731

154
새틴 416
새틴 778
새틴 354
백 416
팔 테두리:
스트레이트
① 778
새틴 1906
체인 484로
메운다
새틴 354
스트레이트 354
백 484

○ 안은 실 가닥수, 정해진 곳 이외에는 2가닥. 숫자는 색 번호. 프렌치 노트는 정해진 곳 이외에는 2번 감기.

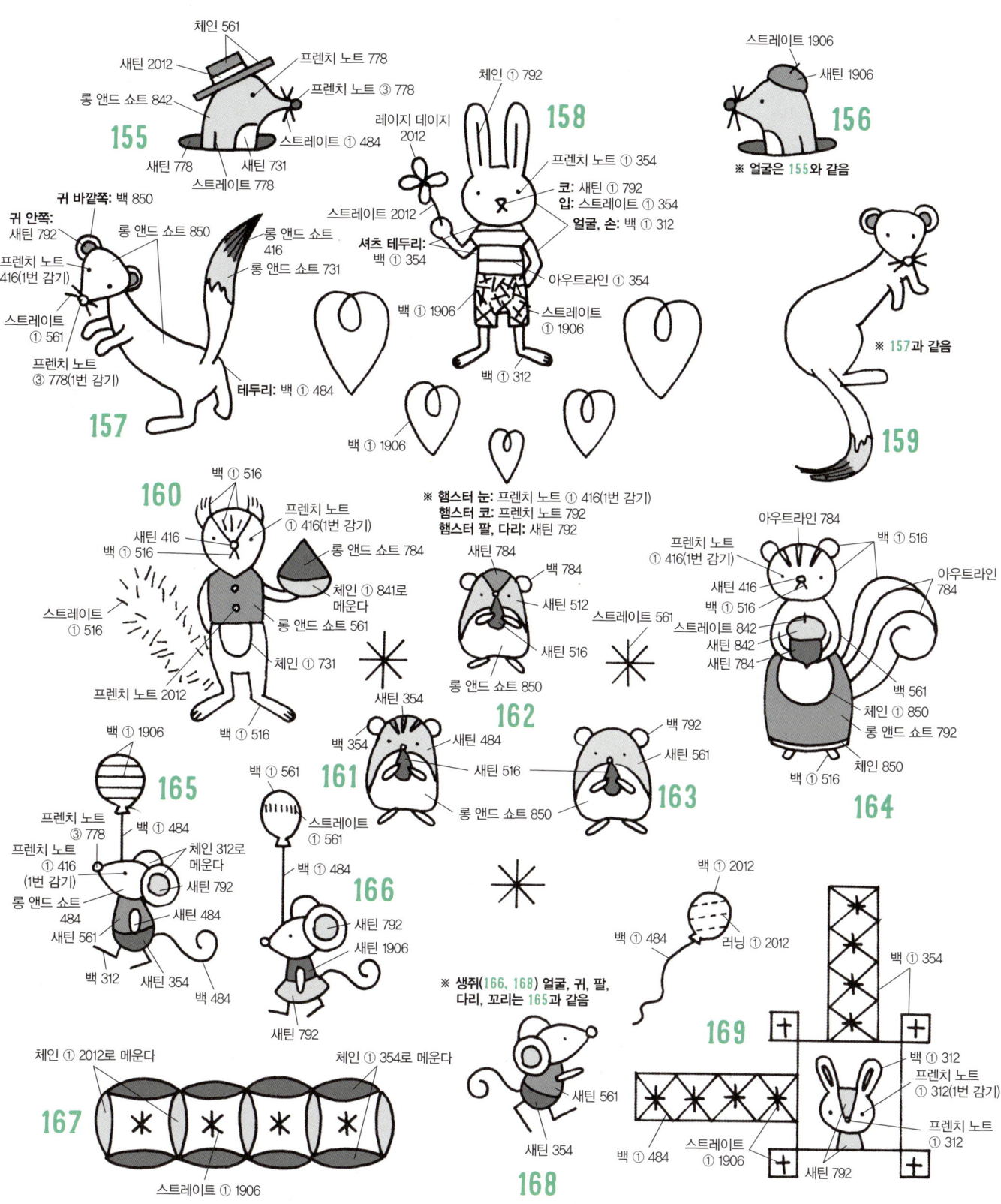

체인 561
새틴 2012
롱 앤드 쇼트 842
프렌치 노트 778
프렌치 노트 ③ 778
스트레이트 ① 484
155
새틴 778
새틴 731
스트레이트 778

체인 ① 792
158
레이지 데이지 2012
프렌치 노트 ① 354
코: 새틴 ① 792
입: 스트레이트 ① 354
스트레이트 2012
얼굴, 손: 백 ① 312
셔츠 테두리:
백 ① 354
아웃라인 ① 354
백 ① 1906
스트레이트 ① 1906
백 ① 312

스트레이트 1906
새틴 1906
156
※ 얼굴은 155와 같음

귀 바깥쪽: 백 850
귀 안쪽:
새틴 792
프렌치 노트 416(1번 감기)
롱 앤드 쇼트 850
롱 앤드 쇼트 416
롱 앤드 쇼트 731
스트레이트 ① 561
프렌치 노트 ③ 778(1번 감기)
157
테두리: 백 ① 484

백 ① 1906
백 ① 312
백 ① 1906

※ 157과 같음
159

백 ① 516
160
새틴 416
백 ① 516
프렌치 노트 ① 416(1번 감기)
롱 앤드 쇼트 784
체인 ① 841로 메운다
롱 앤드 쇼트 561
체인 ① 731
스트레이트 ① 516
프렌치 노트 2012
백 ① 516

※ 햄스터 눈: 프렌치 노트 ① 416(1번 감기)
햄스터 코: 프렌치 노트 792
햄스터 팔, 다리: 새틴 792

새틴 784
백 784
백 784
새틴 512
스트레이트 561
새틴 516
롱 앤드 쇼트 850
162

아웃라인 784
프렌치 노트 ① 416(1번 감기)
백 ① 516
새틴 416
백 ① 516
스트레이트 842
아웃라인 784
새틴 842
새틴 784
백 561
체인 ① 850
롱 앤드 쇼트 792
체인 850
백 ① 516
164

백 ① 1906
165
백 ① 484
프렌치 노트 ③ 778
프렌치 노트 ① 416 (1번 감기)
롱 앤드 쇼트 484
새틴 561
백 312
체인 312로 메운다
새틴 792
새틴 484
새틴 354
백 484

백 ① 561
새틴 354
백 354
새틴 484
새틴 516
롱 앤드 쇼트 850
161

백 792
새틴 561
163

스트레이트 561
백 ① 484
166
새틴 792
새틴 1906
새틴 792

※ 생쥐(166, 168) 얼굴, 귀, 팔, 다리, 꼬리는 165와 같음

백 ① 2012
백 ① 484
러닝 ① 2012
169
백 ① 354
백 ① 312
프렌치 노트 ① 312(1번 감기)
프렌치 노트 ① 312
새틴 792
백 ① 484
스트레이트 ① 1906

체인 ① 2012로 메운다
체인 ① 354로 메운다
167
스트레이트 ① 1906

새틴 561
새틴 354
168

×12 별자리×

Photo » p.30

○ 안은 실 가닥수, 정해진 곳 이외에는 2가닥. 숫자는 색 번호. 프렌치 노트는 정해진 곳 이외에는 2번 감기.
12 별자리의 알파벳은 백 ① 237, 별은 백 ② 562, 175와 179 이외의 눈은 프렌치 노트 ② 485(1번 감기)로 수놓는다.

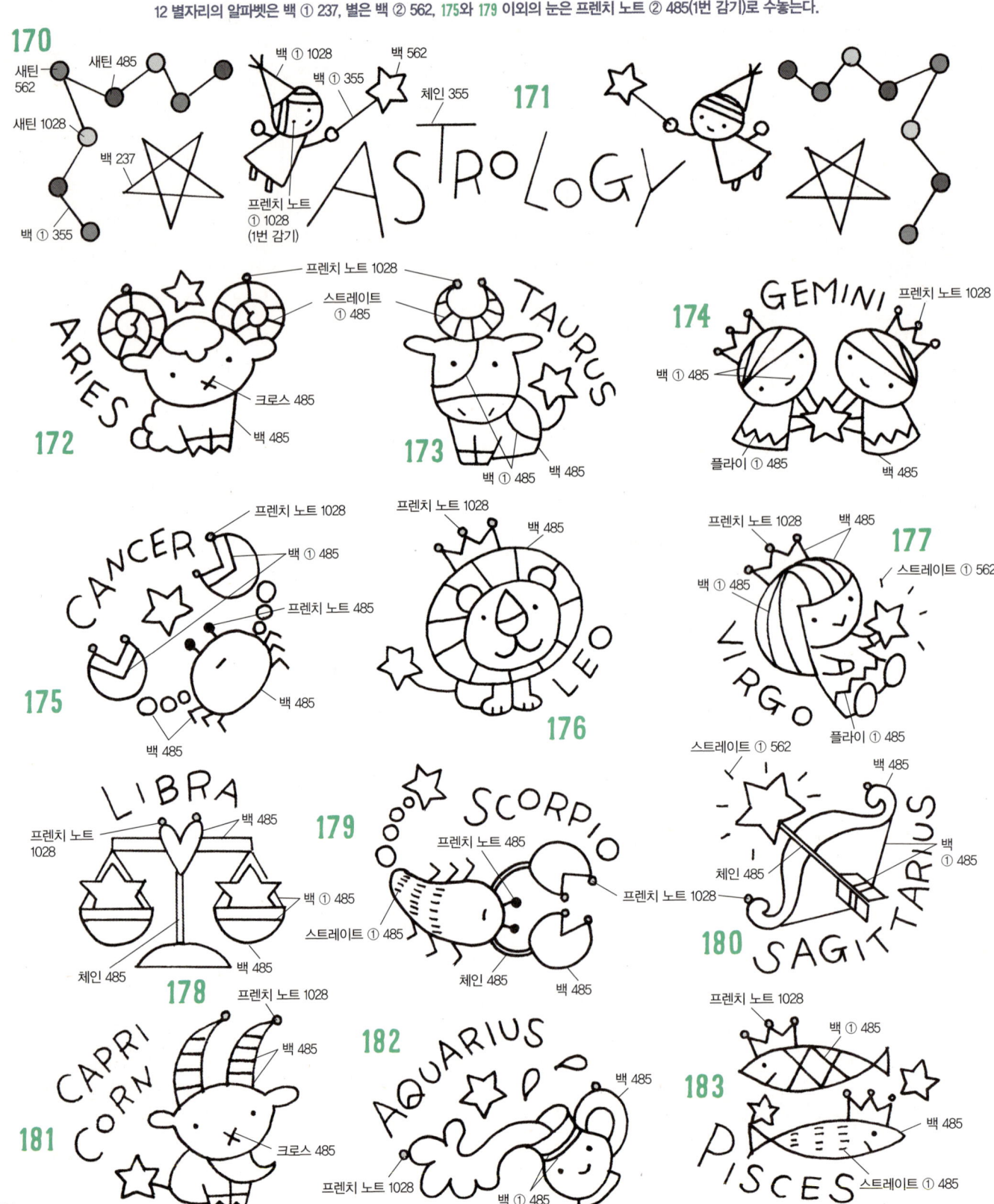

170

새틴 562
새틴 1028
새틴 485
백 237
백 ① 355

171

백 ① 1028
백 ① 355
백 562
체인 355
프렌치 노트 ① 1028 (1번 감기)

ASTROLOGY

172 ARIES

프렌치 노트 1028
스트레이트 ① 485
크로스 485
백 485

173 TAURUS

프렌치 노트 1028
백 ① 485
백 485

174 GEMINI

프렌치 노트 1028
백 ① 485
플라이 ① 485
백 485

175 CANCER

프렌치 노트 1028
백 ① 485
프렌치 노트 485
백 485
백 485

176 LEO

프렌치 노트 1028
백 485

177 VIRGO

프렌치 노트 1028
백 485
백 ① 485
스트레이트 ① 562
플라이 ① 485

178 LIBRA

프렌치 노트 1028
백 485
백 ① 485
체인 485
백 485

179 SCORPIO

프렌치 노트 485
스트레이트 ① 485
체인 485
프렌치 노트 1028
백 485

180 SAGITTARIUS

스트레이트 ① 562
체인 485
백 485
백 ① 485

181 CAPRI CORN

프렌치 노트 1028
백 485
크로스 485

182 AQUARIUS

백 485
프렌치 노트 1028
백 ① 485

183 PISCES

프렌치 노트 1028
백 ① 485
백 485
스트레이트 ① 485

× 어린 동물 ×

Photo » p.31

○ 안은 실 가닥수, 정해진 곳 이외에는 2가닥. 숫자는 색 번호, 눈은 프렌치 노트 ① 738(2번 감기), 정해진 곳 이외에는 2번 감기.

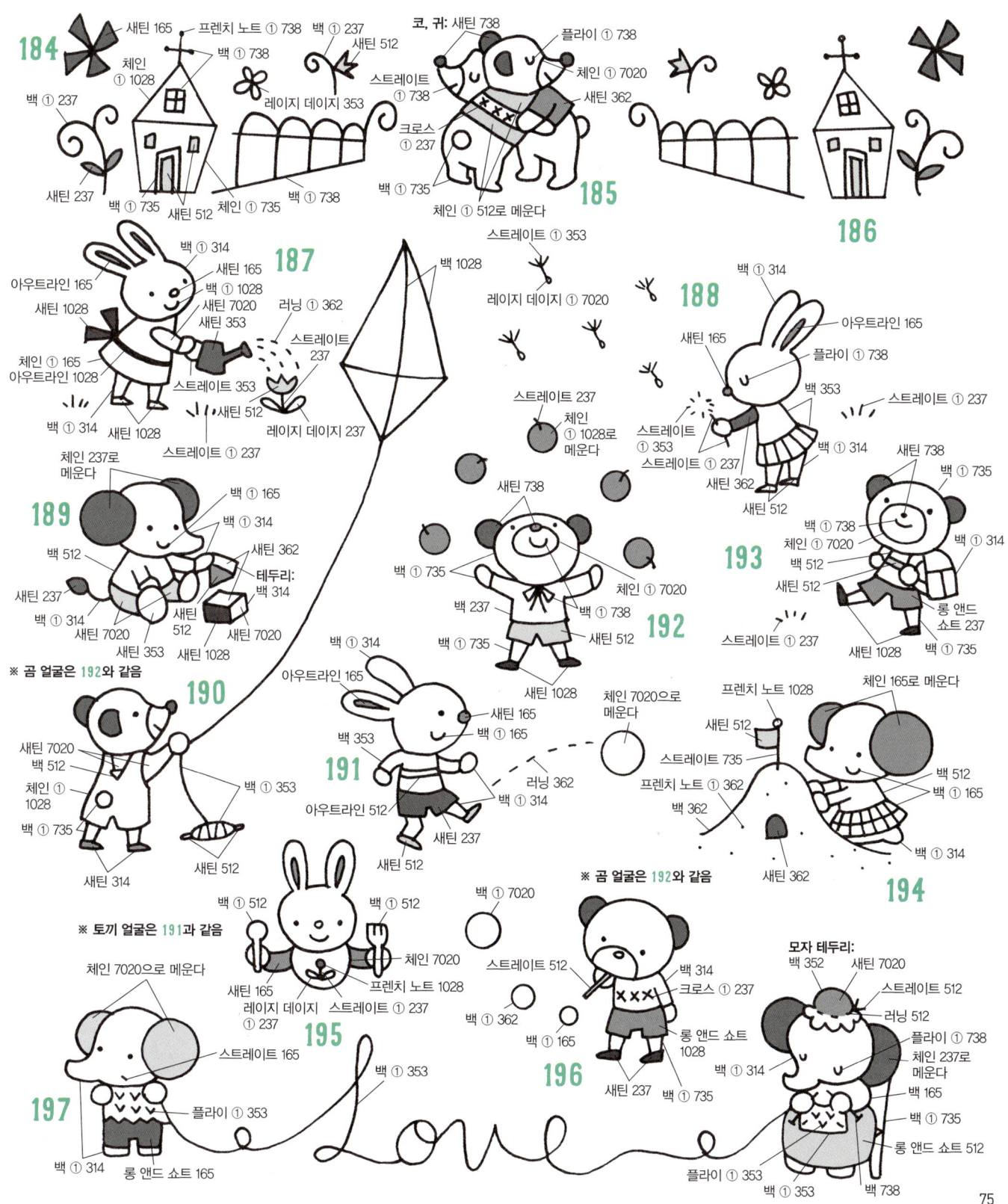

184

새틴 165　프렌치 노트 ① 738　백 ① 237
백 ① 738　새틴 512
체인 ① 1028
백 ① 237
새틴 237
백 ① 735　새틴 512　체인 ① 735　백 ① 738
레이지 데이지 353

코, 귀: 새틴 738
플라이 ① 738
체인 ① 7020
새틴 362
스트레이트 ① 738
크로스 ① 237
백 ① 735
체인 ① 512로 메운다

185

186

백 ① 314
아우트라인 165
새틴 165
새틴 1028
백 ① 1028
새틴 7020
새틴 353
체인 ① 165
아우트라인 1028
스트레이트 353
백 ① 314
새틴 1028
새틴 512
스트레이트 ① 237

187

러닝 ① 362
스트레이트 237
레이지 데이지 237

백 1028

스트레이트 ① 353
레이지 데이지 7020

스트레이트 237
체인 ① 1028로 메운다

188

백 ① 314
아우트라인 165
새틴 165
플라이 ① 738
백 353
스트레이트 ① 237
스트레이트 ① 353
스트레이트 ① 237
새틴 362
새틴 512
백 ① 314

새틴 738
백 ① 735
백 ① 738
체인 ① 7020
백 512
새틴 512
롱 앤드 쇼트 237
새틴 1028
백 ① 735

193

체인 237로 메운다

189

백 ① 165
백 ① 314
새틴 362
테두리:
백 314
백 512
새틴 237
백 ① 314
새틴 7020
새틴 353　새틴 1028
새틴 512
새틴 7020

새틴 738

백 ① 735
백 237
백 ① 735
새틴 1028

체인 7020으로 메운다

백 ① 738
체인 ① 7020
새틴 512

192

프렌치 노트 1028
체인 165로 메운다
새틴 512
스트레이트 735
프렌치 노트 ① 362
백 362

백 512
백 ① 165
백 ① 314
새틴 362

194

※ 곰 얼굴은 192와 같음

190

새틴 7020
백 512
체인 ① 1028
백 ① 735
새틴 314
새틴 512

백 ① 314
아우트라인 165
새틴 165
백 ① 165
백 353
백 ① 314
아우트라인 512
새틴 237

191

러닝 362

※ 곰 얼굴은 192와 같음

※ 토끼 얼굴은 191과 같음

백 ① 512
백 ① 512
체인 7020
프렌치 노트 1028
새틴 165
레이지 데이지 스트레이트 ① 237 ① 237

195

백 ① 7020
백 ① 362
백 ① 165

스트레이트 512
크로스 ① 237
백 314
롱 앤드 쇼트 1028
백 ① 314
새틴 237　백 ① 735

196

모자 테두리:
백 352　새틴 7020
스트레이트 512
러닝 512
플라이 ① 738
체인 237로 메운다
백 165
백 ① 735
롱 앤드 쇼트 512

체인 7020으로 메운다
스트레이트 165
플라이 ① 353
백 ① 314
롱 앤드 쇼트 165

197

백 ① 353

플라이 ① 353
백 353
백 738

✕ 동화 속 동물 ✕

Photo » p.32~33

198
롱 앤드 쇼트 800
스트레이트 483
롱 앤드 쇼트 358
롱 앤드 쇼트 483
스트레이트 358
S101
358
190

200
562
프렌치 노트 S105
(2번 감기)

199
스트레이트 358
백 358
스트레이트 194
194
롱 앤드 쇼트 740
테두리: 백, 스트레이트 358
창문: 굵은 부분은 새틴,
가는 부분은 스트레이트 562

202
레이지 데이지 190,
안에 스트레이트 190
프렌치 노트 198
190
731
755
900
222
★800
스트레이트 142
스트레이트 453
★900
★246
부리, 다리:
스트레이트 562
아우트라인 564

201
283
아우트라인 2013
스트레이트 283
프렌치 노트
③ 602, ③ 604
프렌치 노트 386
① 900
900
900

203
스트레이트 453
롱 앤드 쇼트 800

204
프렌치 노트 386
롱 앤드 쇼트 156
731
아우트라인 731
스트레이트 246
백 754
562
※ 부리, 어미 새 다리:
스트레이트 754
453
스트레이트 900
백 900

358
198
스트레이트 142
7025
740
★740
그림자 부분:
스트레이트
① 453
★794
아우트라인
384
스트레이트
384
눈: 900
눈 주위:
백 800
★740
아우트라인
740
7025
아우트라인
384
★7025
★=롱 앤드 쇼트

1051
프렌치 노트 358
아우트라인 7020

205
7025
563
스트레이트 765

207
백 800
246
※ 곰(207~209) 공통
얼굴, 몸: 롱 앤드 쇼트 7025
얼굴 테두리: 백 7025
눈: 새틴 222 위에
스트레이트 800
코: 레이지 데이지 7025,
안에 스트레이트 800
프렌치 노트 754
아우트라인 246
812
아우트라인
564
스트레이트 800

208
아우트
라인
562
체인 754
754
아우트라인
156
바구니 위아래:
아우트라인 754

209
프렌치 노트 243
꽃잎: 스트레이트 142
꽃술: 프렌치 노트 243
아우트라인
384
283
잎: 레이지 데이지 246,
안에 스트레이트 246
줄기: 백 246

210
테두리, 눈, 입:
아우트라인,
스트레이트 ① 7025
귓속, 코끝:
새틴 ① 142
롱 앤드
쇼트 800

206
스트레이트 2013
794

564
731
731
731
아우트라인 453
※ 눈(공통): 새틴 386

백 190
백 S106
아우트라인 198
백 2016
스트레이트
① 7025
243
스트레이트
① 142
2016
테두리: 아우트라인
① 7025

211

212
아우트라인 765
190
아우트라인 453
198
453
레이지 데이지 765, 안에 스트레이트 765
453
900
프렌치 노트 190(3번 감기)
백 198
731
198
190
900
아우트라인 740으로 메운다
프렌치 노트 765 (1번 감기)
아우트라인 453
아우트라인 765
프렌치 노트 765 (1번 감기)
아우트라인 765

213
눈: 새틴 358, 위에서 스트레이트 S106
눈 주위: 백 800
562
2016
롱 앤드 쇼트 ③ 453, ③ 740
테두리: 백 796
796
564
발톱: 스트레이트 2016

214
테두리, 정해진 곳 이외의 선: 백, 스트레이트 796
롱 앤드 쇼트 731
눈: 레이지 데이지 358, 안에 스트레이트 358, 위에서 스트레이트 S105
눈 위: 스트레이트 796
백 563
러닝 S105
롱 앤드 쇼트 453
프렌치 노트 S106
체인 565
142
테두리: 스트레이트, 백 755
코끝: 새틴 453
입: 스트레이트 156
604
190
프렌치 노트 796(2번 감기)
레이지 데이지 604

215
눈: 레이지 데이지 562, 안에 스트레이트 562, 위에서 스트레이트 358
코, 무늬: 새틴 198
입: 백, 스트레이트 198
롱 앤드 쇼트 765
백 796
피시본 283
스트레이트 283

216
백 796
카우칭 ① 142
564
812
800
194
스트레이트 386
800
794
812
563
스트레이트 194
아우트라인 563
아우트라인 800
아우트라인 2445

217

218
백 755
아우트라인 800
453

219
스트레이트 ① 142
386
아우트라인 765
스트레이트 765

220
롱 앤드 쇼트, 새틴 786
눈: 새틴 283, 위에서 프렌치 노트 S106
눈 주위: 백 198
피시본 800
765
코: 새틴 198
입: 백 198
수염: 스트레이트 ① 800
1051
190
레이지 데이지 562, 안에 스트레이트 562
롱 앤드 쇼트 786
체인 283으로 메운다
얼굴, 몸: 롱 앤드 쇼트 731
롱 앤드 쇼트 786
롱 앤드 쇼트 812
아우트라인 198
테두리: 백, 스트레이트 198
롱 앤드 쇼트 358
스트레이트 800

221
스트레이트 562
243
스트레이트 S105
142
386
백 198
731
백 632
아우트라인 246
스트레이트 142
731

222
피시본 246
피시본 632
피시본 562
794
791

223
프렌치 노트 190

224
스트레이트 370A
프렌치 노트 562
121
358
스트레이트 791
프렌치 노트 562
아우트라인, 스트레이트 2445

225
눈: 레이지 데이지 778, 위에 프렌치 노트 S106
코끝: 백 800
혀: 190, 아우트라인 ① 900
새틴, 롱 앤드 쇼트 741
새틴, 롱 앤드 쇼트 778
테두리: 백, 스트레이트 800
스트레이트 ③ 283

77

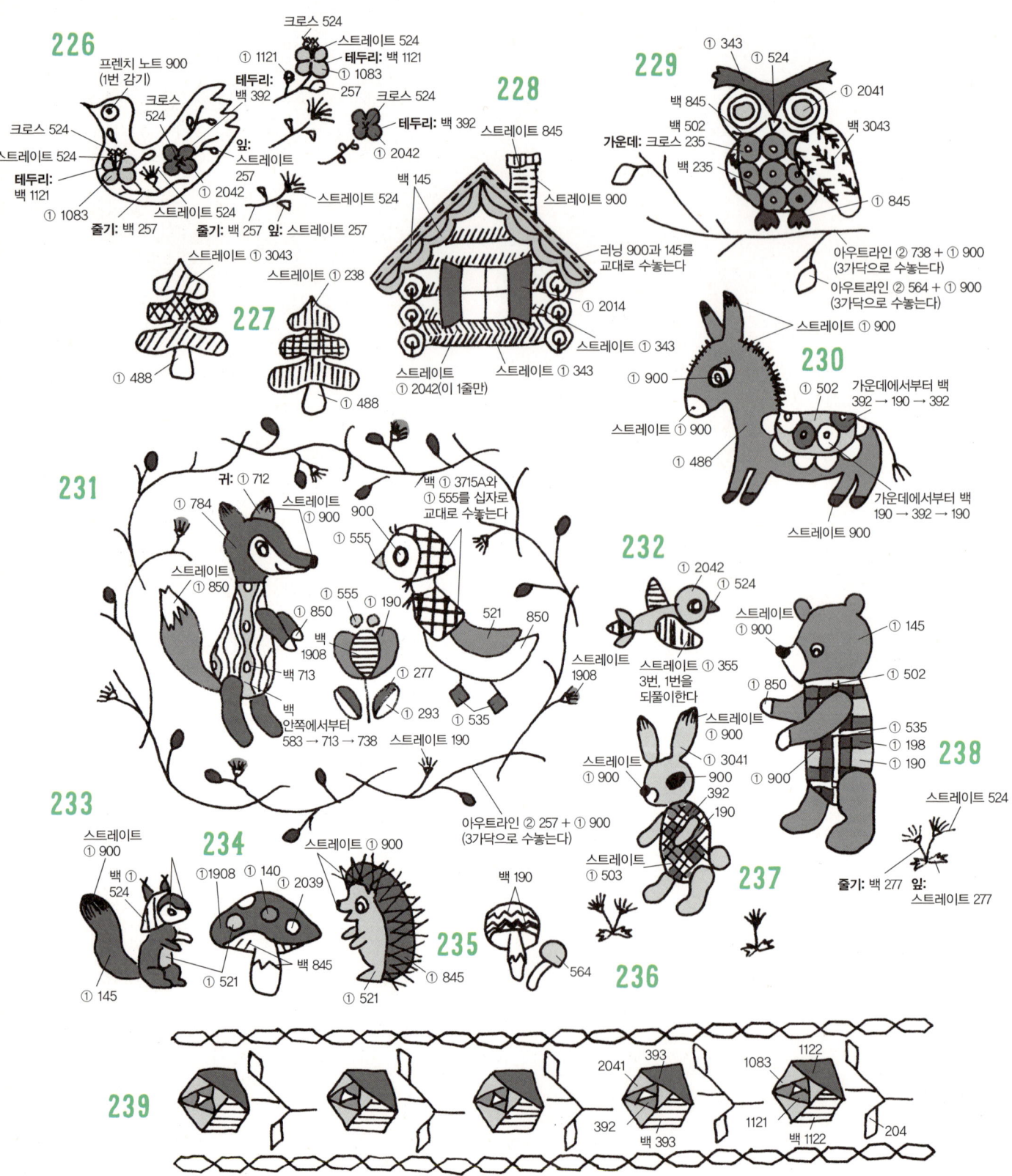

226
프렌치 노트 900
(1번 감기)
크로스 524
크로스 524
스트레이트 524
테두리: 백 1121
① 1083
줄기: 백 257

크로스 524
① 1121
① 1083
257
테두리: 백 392
스트레이트 524
크로스 524
스트레이트 524
앞: 스트레이트 257
① 2042
줄기: 백 257
앞: 스트레이트 257

크로스 524
스트레이트 524
테두리: 백 392
① 2042

227
스트레이트 ① 3043
스트레이트 ① 238
① 488
① 488

228
스트레이트 845
백 145
스트레이트 900
① 2014
스트레이트 ① 343
스트레이트 ① 343
스트레이트 ① 2042(이 1줄만)
러닝 900과 145를 교대로 수놓는다

229
① 343
① 524
① 2041
백 845
백 502
백 3043
가운데: 크로스 235
백 235
① 845
아웃라인 ② 738 + ① 900
(3가닥으로 수놓는다)
아웃라인 ② 564 + ① 900
(3가닥으로 수놓는다)

230
스트레이트 ① 900
① 502
가운데에서부터 백 392 → 190 → 392
① 900
스트레이트 ① 900
① 486
가운데에서부터 백 190 → 392 → 190
스트레이트 900

231
귀: ① 712
스트레이트 ① 900
① 784
900
백 ① 3715A와 ① 555를 십자로 교대로 수놓는다
스트레이트 ① 850
① 555
① 555
① 190
백 1908
521
850
백 713
① 277
스트레이트 1908
백 안쪽에서부터 583 → 713 → 738
① 293
① 535
스트레이트 190
아웃라인 ② 257 + ① 900
(3가닥으로 수놓는다)

232
① 2042
① 524
스트레이트 ① 900
스트레이트 ① 355
3번, 1번을 되풀이한다
스트레이트 ① 900
백 190
① 3041
900
392
190
스트레이트 ① 900
스트레이트 ① 503
스트레이트 ① 900
850
① 502
스트레이트 ① 145
① 900
① 535
① 198
① 190
① 900

237

238
스트레이트 524
줄기: 백 277 앞: 스트레이트 277

233
스트레이트 ① 900
백 ① 524
① 145

234
①1908 ① 140
① 2039
백 845
① 521
① 521

235
백 190
564
① 845

236

239
2041
393
1083
1122
392
백 393
1121
백 1122
204

78

○ 안은 실 가닥수, 정해진 곳 이외에는 2가닥. 숫자는 색 번호.
테두리는 정해진 곳 이외에는 모두 백 ② 900으로 수놓는다. 정해진 곳 이외에는 새틴으로 수놓는다.

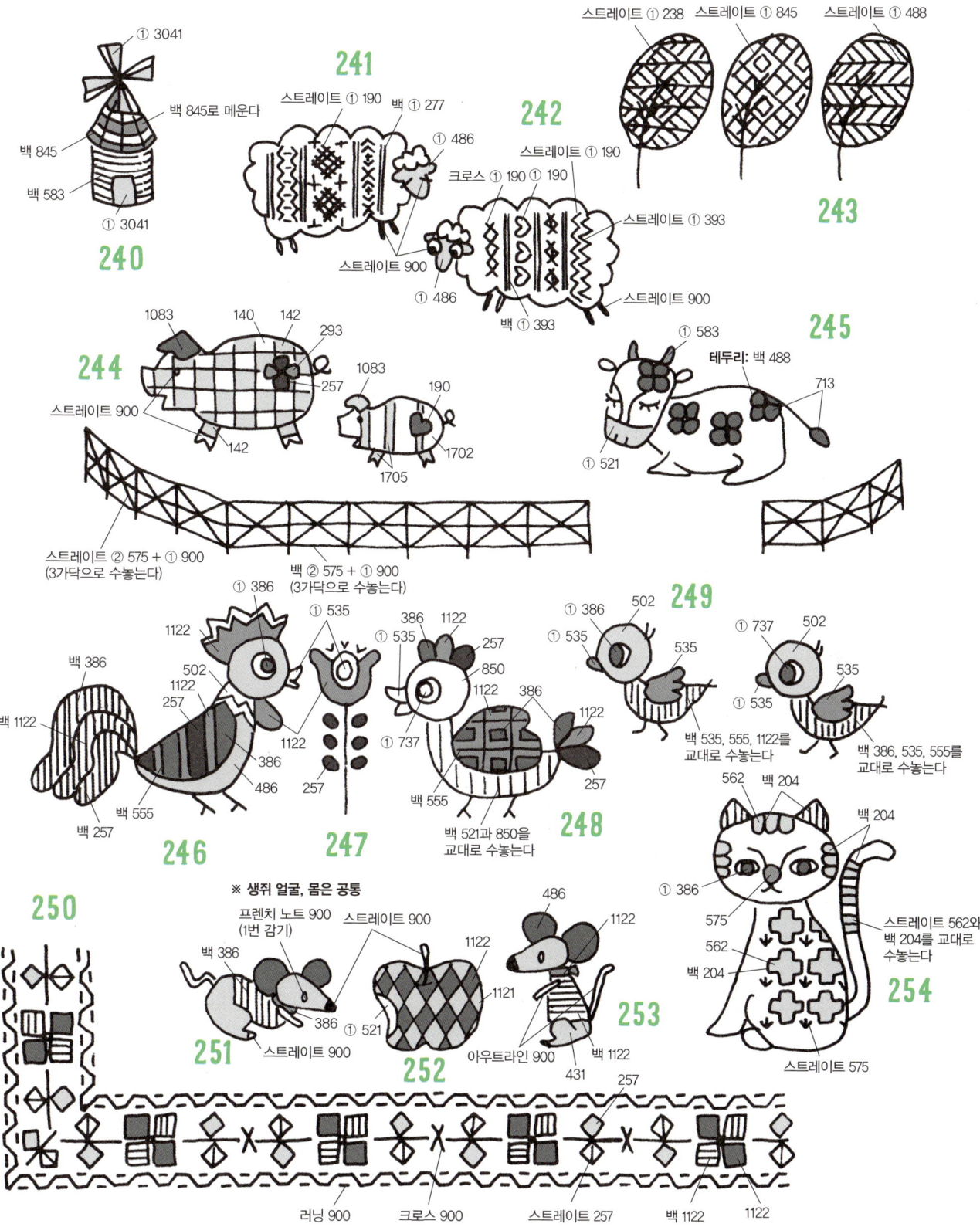

① 3041

백 845로 메운다

백 845

백 583

① 3041

240

스트레이트 ① 190 백 ① 277

① 486

241

스트레이트 900

① 486

크로스 ① 190 ① 190

스트레이트 ① 190

스트레이트 ① 393

스트레이트 900

백 ① 393

242

스트레이트 ① 238   스트레이트 ① 845   스트레이트 ① 488

243

1083 140 142 293

244 257

스트레이트 900

142

1083 190

1705 1702

① 583

테두리: 백 488 **245**

713

① 521

스트레이트 ② 575 + ① 900
(3가닥으로 수놓는다)

백 ② 575 + ① 900
(3가닥으로 수놓는다)

① 386

① 535

1122

백 386 502
1122
257

백 1122

386
486
백 555

백 257

246

257

257

247

386 1122
① 535 257
850
① 737 1122

386

1122

백 555

257

백 521과 850을
교대로 수놓는다

248

① 386 502 **249**
① 535
535

백 535, 555, 1122를
교대로 수놓는다

① 737 502
① 535 535

백 386, 535, 555를
교대로 수놓는다

562 백 204

백 204

① 386

575

562

백 204

스트레이트 562와
백 204를 교대로
수놓는다

254

250

※ 생쥐 얼굴, 몸은 공통

프렌치 노트 900
(1번 감기) 스트레이트 900

백 386

386 ① 521

251

스트레이트 900

486

1122

1121

아우트라인 900

252

1122

백 1122

431

253

257

스트레이트 575

러닝 900   크로스 900   스트레이트 257   백 1122   1122

× 아름다운 새 ×

Photo » p.36-37

○ 안은 실 가닥수, 정해진 곳 이외에는 2가닥. 숫자는 색 번호.
새 머리와 몸은 스트레이트로 깃털 결을 따라 수놓아 메우고(=★), 그 이외의 면은 새틴, 정해진 곳 이외의 선은 아우트라인으로 수놓는다.
눈은 새틴 ① 900으로 수놓은 뒤, 위에서 작게 스트레이트 ① 800을 수놓는다. 부리는 정해진 곳 이외에는 새틴 ① 900.

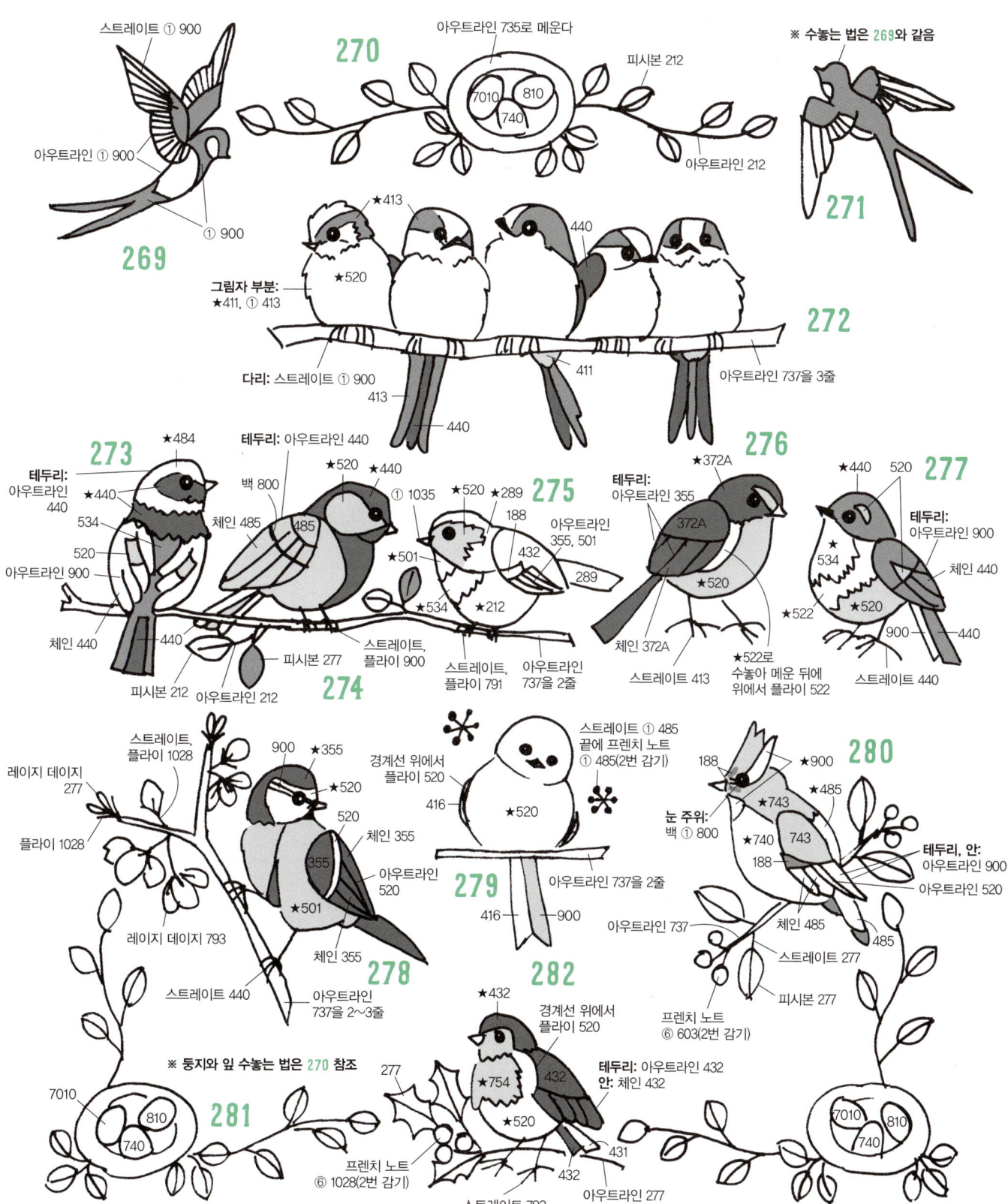

× 앵무새 ×

Photo » p.38

○ 안은 실 가닥수, 정해진 곳 이외에는 1가닥. 숫자는 색 번호, 앵무새 몸은 스트레이트로 깃털 결을 따라 수놓아 메우고(=★),
그 이외의 면은 새틴으로 수놓는다. 눈은 새틴 ① 900으로 수놓은 뒤, 위에서 작게 스트레이트 ① 800을 수놓는다.

※ 꽃은 네모 안(♥1) 참조, 잎, 깃털 수놓는 법은 **296** 참조

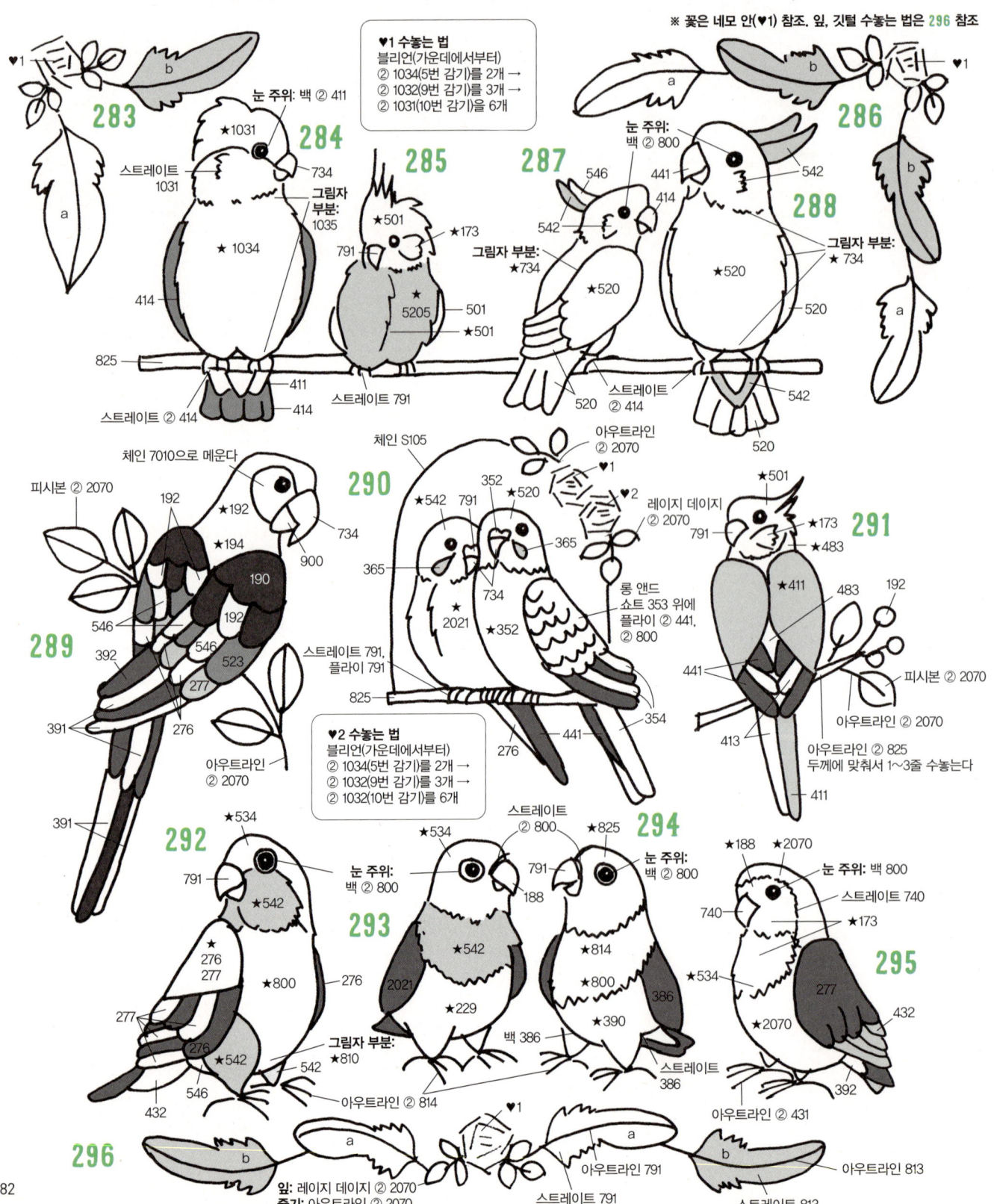

♥1 수놓는 법
블리언(가운데에서부터)
② 1034(5번 감기)를 2개 →
② 1032(9번 감기)를 3개 →
② 1031(10번 감기)을 6개

283

눈 주위: 백 ② 411

★1031

스트레이트 1031

734

284

그림자 부분: 1035

★1034

414

825

스트레이트 ② 414

411

414

★501

791

285

★173

5205

501

★501

스트레이트 791

287

546

542

441

414

그림자 부분: ★734

★520

520

스트레이트 ② 414

520

눈 주위: 백 ② 800

286

542

b

a

288

그림자 부분: ★734

★520

520

542

520

피시본 ② 2070

192

★192

★194

289

546

392

546

277

523

190

391

276

391

734

900

체인 7010으로 메운다

아웃라인 ② 2070

체인 S105

290

★542 791 352 ★520

365

★

2021

734

★352

825

스트레이트 791,
플라이 791

276

441

354

아웃라인 ② 2070

♥1

♥2

레이지 데이지 ② 2070

롱 앤드 쇼트 353 위에 플라이 ② 441,
② 800

★501

791

291

★173

★483

★411

483

192

441

413

411

피시본 ② 2070

아웃라인 ② 2070

아웃라인 ② 825
두께에 맞춰서 1~3줄 수놓는다

♥2 수놓는 법
블리언(가운데에서부터)
② 1034(5번 감기)를 2개 →
② 1032(9번 감기)를 3개 →
② 1032(10번 감기)을 6개

292

★534

791

★542

★276 277

277

276

★542

546

432

542

눈 주위: 백 ② 800

★800

276

★534

스트레이트 ② 800

791

188

2021

★542

★229

그림자 부분: ★810

아웃라인 ② 814

293

294

★825

눈 주위: 백 ② 800

★814

★800

★390

백 386

386

스트레이트 386

★188 ★2070

740

눈 주위: 백 800

스트레이트 740

★173

295

★534

★2070

277

432

392

아웃라인 ② 431

296

♥1

a

b

a

b

아웃라인 791

스트레이트 791

아웃라인 813

스트레이트 813

잎: 레이지 데이지 ② 2070
줄기: 아웃라인 ② 2070

× 멋쟁이 동물 ×

Photo » p.39

○ 안은 실 가닥수, 정해진 곳 이외에는 2가닥. 숫자는 색 번호. 정해진 곳 이외의 면은 새틴 ②, 선은 아우트라인 ②로 수놓는다.
프렌치 노트는 정해진 곳 이외에는 2번 감기. 눈은 A색으로 새틴, 위에서 B색으로 작게 스트레이트를 수놓는다.

297

테두리: ① 416
416
백 900
A: 900
B: 800
스트레이트 416
391
736

298

스트레이트 416
2번 겹친다
353 354
416
블랭킷 2070
블랭킷 276
테두리: 아우트라인
안: 체인으로 메운다
스트레이트 416
스트레이트 ① 416
3번 겹친다
플라이 ① 416
501
276 2070
다리, 부리:
스트레이트 534

299

잎: 끝을 스트레이트로 수놓고
계속해서 플라이
① S105
프렌치 노트 562
562
190
276
562
A: ① 900
B: 800
① 416
스트레이트 ① 416

300
277
2070
188
레이지
데이지 277
7010
813 791
프렌치 노트
501을 3개
791

301
813
코, 코 주위:
스트레이트
① 7010
① 416
791
열매:
188
리본:
레이지 데이지,
스트레이트 501
열매:
192
꼭지:
플라이 277
813
토끼 눈
A: ① 416
B: 800
눈 주위:
백 ① 800
바구니 테두리: 아우트라인 795
안: 블랭킷 795
손잡이: 체인 795

302
7010
735
416
롱 앤드 쇼트
736
194
레이지 데이지 800
프렌치 노트 501
289
212
734
784
795 814
테두리: 아우트라인 411
안: 체인 411로 메운다
다람쥐 눈
A: ① 416
B: 800
눈 주위: 백 ① 800

303
③ 483
새틴 ① 441
413
① 413
A: ① 900
B: 800
354
353
테두리: 아우트라인 192
안: 체인 192로 메운다
레이지 데이지
353
체인 523을 2줄
523

304
485
562
277
A: 900
B: 800
눈 주위:
백 277,
① 800
① 485
① 416
416

305
A: ① 416
B: 800
눈 주위:
백 ① 800
얼굴: 롱 앤드 쇼트 813
플라이 ① 416
블랭킷
a: 793
b: 194
c: 562
피시본 ① 212
a
b c
7010
784
813
① 212
플라이
391
391
813

306
롱 앤드 쇼트 736
A: ① 900
B: 800
① 900
194
736
734
체인 793
784
432
416
테두리: 아우트라인 791
안: 체인 791로 메운다
레이지 데이지 ① 800
프렌치 노트 ① 501
212

307
a
416
코: 스트레이트 416
3번 겹친다
프렌치 노트
a: ③ 813(3번 감기)
b: ② 813(3번 감기)
b
a a
b
테두리: 아우트라인 1034
안: 새틴 1034

308
피시본 289
194 784
212
212
스트레이트
212 354
734
피시본 212
바구니 테두리: 아우트라인 795
안: 블랭킷 795
손잡이: 체인 795

309
416
스트레이트
1032
1032
플라이 1032
813
플라이 1032(2번)

310
485
A: ① 900
B: 800
스트레이트 ① S105 ① 485
① 441
체인 355
테두리: 아우트라인 354
안: 체인 354로 메운다

× 강아지 ×

Photo » p.40~41

※ 311~314, 316~320, 323의 눈동자 빛은 프렌치 노트 ② 800(1번 감기).

311

프렌치 노트 ② 900(1번 감기)
800
302
555
501
900
307
2020
416
516

스트레이트 ③ 516
새틴 ③ 723
723

312
575
723
새틴 ③ 850
733

313
733
723
119
850
900

314
721
733
723
새틴 ③ 723
새틴 ③ 713
프렌치 노트 ② 900(1번 감기)

315
731

316
341
516
7025
736
900
850

317
850
733
119
850

318
스트레이트 ③ 723
575
723
900
850
백 ③ 900
119
스트레이트 ③ 900

319
스트레이트 ③ 415
413
415
810
눈 테두리: 백 ③ 723

320
575
723
850
119
721
프렌치 노트 ② 900(1번 감기)
새틴 ③ 900
줄기, 풀: 스트레이트 ③ 214

321
850
736
413
810
119
무늬, 더듬이: 스트레이트 ③ 415
800

322
140
850
202

323
723
516
385
1029
813
501
프렌치 노트 ③ 385(3번 감기)
무늬: 스트레이트 ③ 734
850

324
555
503
214
343
218
214
343
프렌치 노트 ② 900(1번 감기)
145
800
416
721
백 ③ 900
코: 새틴 ③ 900
새틴 ③ 575
끈: 백 ③ 416
코: 새틴 ③ 900 스트레이트 ③ 900
850
백 ③ 900
목걸이: 스트레이트 ③ 145
새틴 ③ 800
712
341
218
343
214

○ 안은 실 가닥수, 숫자는 색 번호, 테두리는 체인 ② 900. 정해진 곳 이외에는 체인 ③. 정해진 곳 이외의 검은자위와 코는 체인 ③ 900,
다리 주름은 스트레이트 ③ 900. 체인으로 수놓기 힘든 틈새 등은 스트레이트나 새틴으로 메운다.
※ 325, 328, 331, 334, 337, 338의 눈동자 빛은 프렌치 노트 ② 800(1번 감기).

무늬, 더듬이:
스트레이트 ③ 415

340

503

800

555

풀: 스트레이트 ③ 214

218

214

줄기: 체인 ③ 218
※ 다른 줄기는 스트레이트 ③ 218

무늬: 스트레이트 ③ 734

850

343

218 214

7025

눈: 341
테두리, 검은자위: 백 ③ 900
스트레이트 ② 416

411

귀, 코: 새틴 ③ 140

무늬, 더듬이: 스트레이트 ③ 415

501

스트레이트, 새틴 ③ 141

800

입가: 백 ③ 900

343

눈동자 빛: 프렌치 노트
② 800(1번 감기)

503

555

214 218

218 343

343

코: 새틴 ③ 140

스트레이트 ③ 900

145

새틴 ③ 900

575, 712, 713, 738
4색으로 자유롭게
프렌치 노트
③(4번 감기)

202

344

341

스트레이트 ③ 900

눈: 210

테두리, 검은자위:
백 ③ 900

귀, 코: 새틴 ③ 140

800

843

줄무늬: 아웃라인 ③ 900

342

140

416

343

1602

416

214

900

800

새틴 ③ 416

눈동자 빛: 프렌치 노트
③ 800(2번 감기)

346

345

721

줄무늬:
스트레이트
③ 516

800

723

줄무늬:
새틴 ③ 713

스트레이트 ② 416

712

711

140

800

900

712

새틴 ③ 140

코: 새틴 ③ 142

새틴 ③ 555

413

900

눈: 214
테두리, 검은자위:
백 ③ 900

백 ② 900

119

415

347

목걸이: 스트레이트 ② 145
(2번을 똑같은 곳에 수놓는다)

눈 주위: 새틴 ③ 751

새틴 ③ 140

850

스트레이트 ② 416

735

575

348

411

850 416

850

코: 새틴 ③ 140
입: 백 ③ 900

새틴 ③ 516

721

새틴 ③ 415

711

349

눈: 2042
테두리, 검은자위: 백 ③ 900

7025

새틴 ③ 140

350

845

813

900

810

631

351

341

416

스트레이트
② 416

850

귓속, 코: 새틴 ③ 140

눈: 341
테두리, 검은자위: 백 ③ 900

새틴
③ 416

416 711

800

352

새틴 ③ 7025

843
줄무늬:
아웃라인, 스트레이트 ③ 900

353

86

○ 안은 실 가닥수, 숫자는 색 번호. 테두리는 체인 ② 900. 정해진 곳 이외에는 체인 ③. 정해진 곳 이외의 수염은 백 ② 416,
다리 주름은 스트레이트 ③ 900. 체인으로 수놓기 힘든 틈새 등은 스트레이트나 새틴으로 메운다.

× 동물 엠블럼 ×

○ 안은 실 가닥수, 정해진 곳 이외에는 2가닥. 모두 900.

면은 새틴 ②, 프렌치 노트는 ②(2번 감기), 선은 정해진 곳 이외에는 아웃라인 ②, 글자는 정해진 곳 이외에는 백 ①로 수놓는다.

× 서커스단 ×

Photo » p.45

○ 안은 실 가닥수, 정해진 곳 이외에는 2가닥. 숫자는 색 번호.
정해진 곳 이외에는 새틴 ②, 눈은 프렌치 노트 ① 900(2번 감기), 코는 1번 감기로 수놓는다.

383
아우트라인 616
541
205
616
600

384
541
205

385
600
616
205

386
600
541
205

387
600
205
331
스트레이트 541

616
600
541

388
331

389
자전거는 모두 205
정해진 곳 이외에는
아우트라인
616
741
743
스트레이트
백

390
아우트라인 541
541
331

205
541

391
331

스트레이트
① 900
205
600

392
600
331
205
541
616
아우트라인 616
원숭이 얼굴, 귀: 741
그 외: 743
스트레이트 900
331

새틴 900
아우트라인 616
스트레이트 541
541
741

393
616
600

394
541
616
331

395
아우트라인 616
616
205
아우트라인
616
331
프렌치 노트
541(1번 감기)
541

396
스트레이트
900
541
205
205
아우트라인
205
스트레이트 541
741
743
아우트라인
616
331
616
아우트라인
331
아우트라인 205

× 알파벳 I ×

Photo » p.46~47

○ 안은 실 가닥수, 정해진 곳 이외에는 2가닥. 숫자는 색 번호.

알파벳은 체인 ③, 눈은 정해진 곳 이외에는 프렌치 노트 487 ①(1번 감기), 그 외의 프렌치 노트도 1번 감기. 정해진 곳 이외의 선은 스트레이트로 수놓는다.

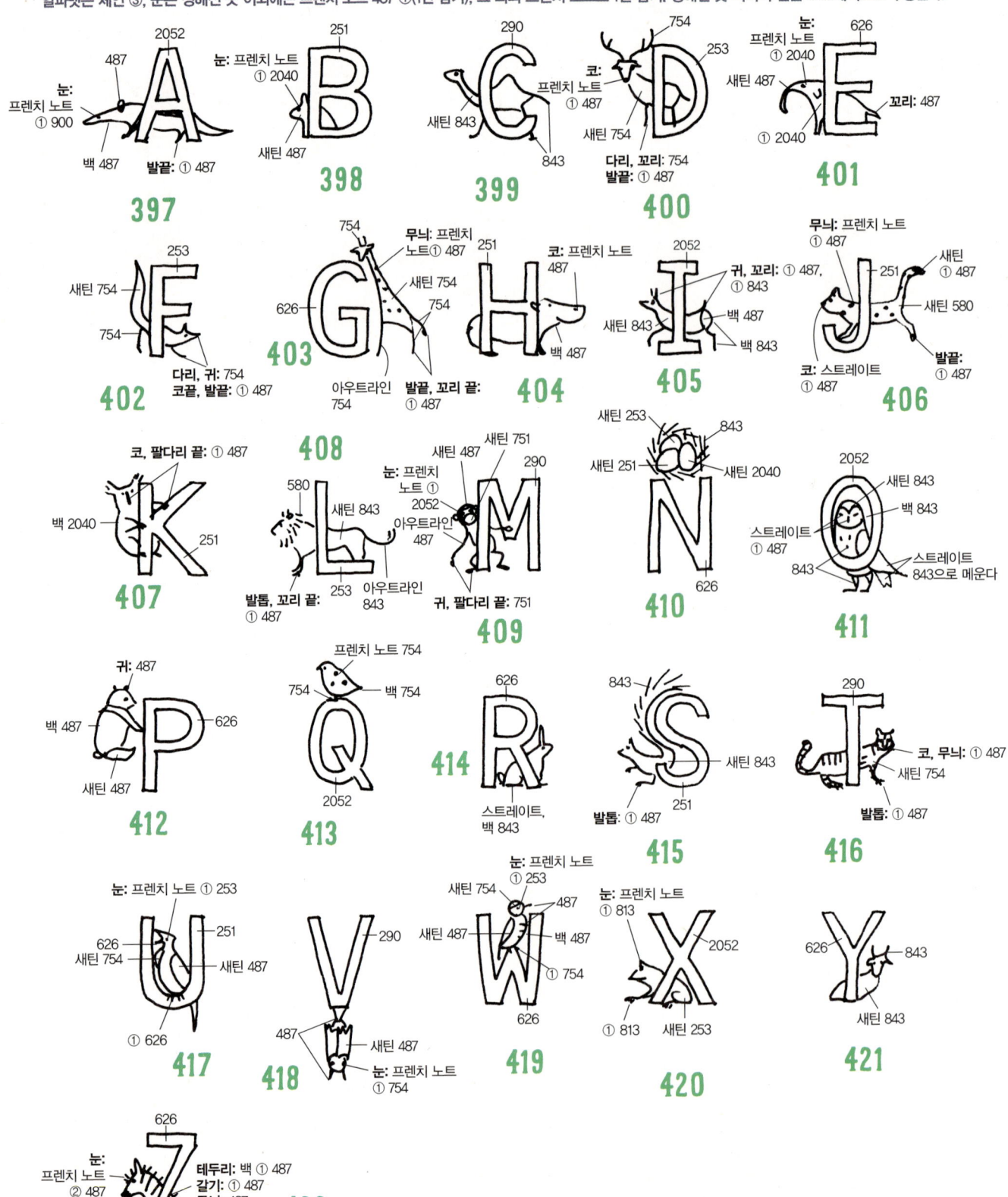

2052
487
눈:
프렌치 노트
① 900
백 487   발끝: ① 487

397

251
눈: 프렌치 노트
① 2040
새틴 487

398

290
새틴 843
843

399

754
253
코:
프렌치 노트
① 487
새틴 754
다리, 꼬리: 754
발끝: ① 487

400

626
눈:
프렌치 노트
① 2040
새틴 487
꼬리: 487

401

253
새틴 754
754
다리, 귀: 754
코끝, 발끝: ① 487

402

754
무늬: 프렌치
노트 ① 487
새틴 754
754
626
아우트라인
754
발끝, 꼬리 끝:
① 487

403

408

251
코: 프렌치 노트
487
백 487

404

2052
귀, 꼬리: ① 487,
① 843
새틴 843
백 487
백 843

405

무늬: 프렌치 노트
① 487
새틴
① 487
251
새틴 580
코: 스트레이트
① 487
발끝:
① 487

406

코, 팔다리 끝: ① 487
백 2040
251

407

580
새틴 843
발톱, 꼬리 끝:
① 487
253
아우트라인
843

눈:
프렌치
노트 ①
2052
아우트라인
487
새틴 487   새틴 751
290
귀, 팔다리 끝: 751

409

새틴 253   843
새틴 251
새틴 2040
626

410

2052
스트레이트
① 487
843
새틴 843
백 843
스트레이트
843으로 메운다

411

귀: 487
백 487
626
새틴 487

412

프렌치 노트 754
754   백 754
2052

413

414

626
스트레이트,
백 843

843
새틴 843
발톱: ① 487
251

415

290
코, 무늬: ① 487
새틴 754
발톱: ① 487

416

눈: 프렌치 노트 ① 253
251
626
새틴 754   새틴 487
① 626

417

290
487
새틴 487
눈: 프렌치 노트
① 754

418

눈: 프렌치 노트
① 253
새틴 754   487
새틴 487   백 487
754
626

419

눈: 프렌치 노트
① 813
2052
① 813   새틴 253

420

626   843
새틴 843

421

626
눈:
프렌치 노트
② 487
테두리: 백 ① 487
갈기: ① 487
무늬: 487

422

90

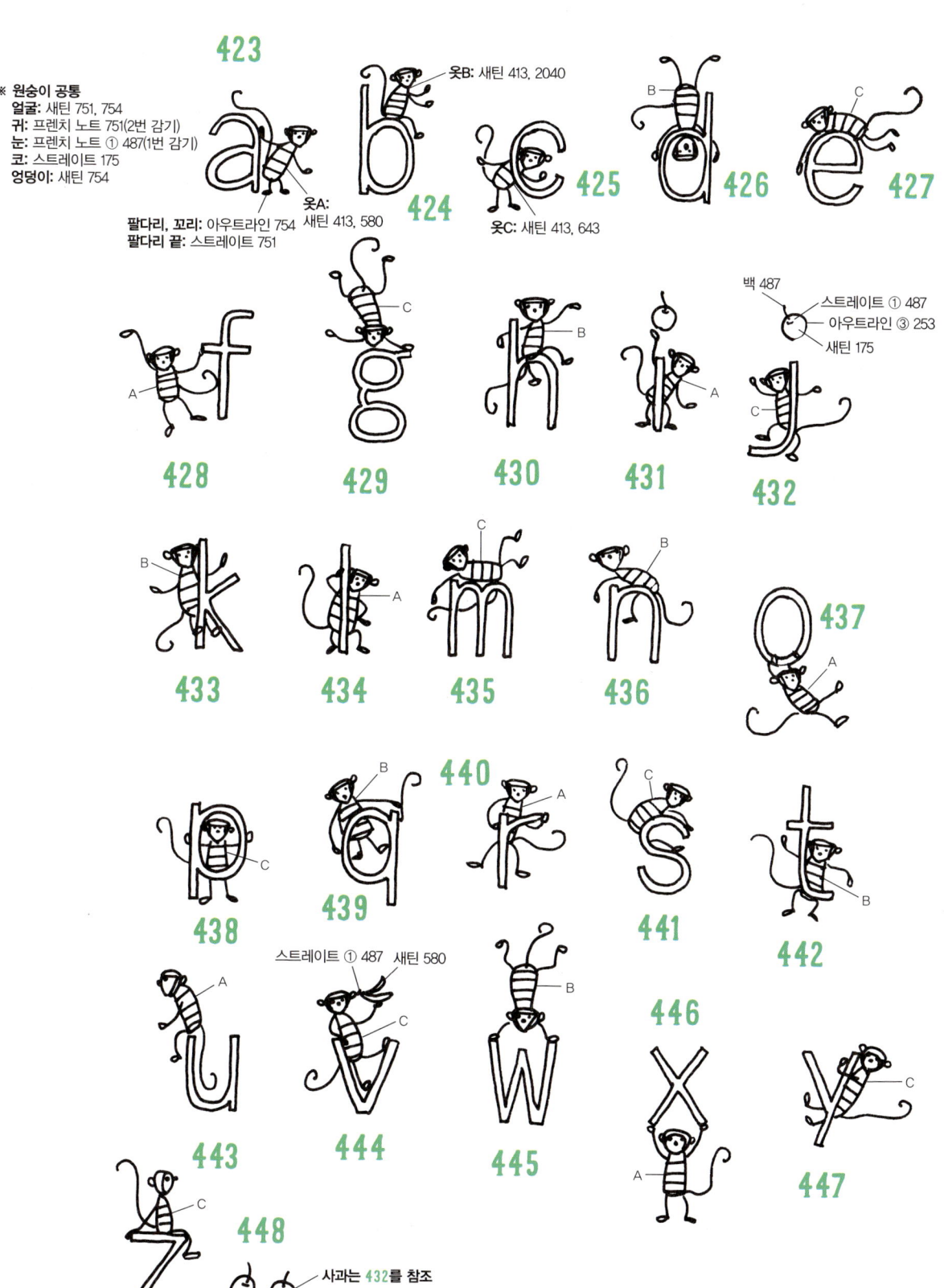

○ 안은 실 가닥수, 정해진 곳 이외에는 2가닥, 숫자는 색 번호.
알파벳은 체인 ③ 253으로 수놓는다.

423

※ 원숭이 공통
얼굴: 새틴 751, 754
귀: 프렌치 노트 751(2번 감기)
눈: 프렌치 노트 ① 487(1번 감기)
코: 스트레이트 175
엉덩이: 새틴 754

옷A:
새틴 413, 580
팔다리, 꼬리: 아우트라인 754
팔다리 끝: 스트레이트 751

옷B: 새틴 413, 2040

424

425

옷C: 새틴 413, 643

B

426

C

427

428

429

C

430

B

431

A

백 487
스트레이트 ① 487
아우트라인 ③ 253
새틴 175

432

C

433

B

434

A

435

C

436

437

A

438

439

B

440

441

C

442

B

443

A

444

스트레이트 ① 487 새틴 580
C

445

B

446

447

C

448

C

사과는 432를 참조

× 알파벳 II ×

Photo » p.48~49

○ 안은 실 가닥수, 정해진 곳 이외에는 2가닥. 숫자는 색 번호.
알파벳은 아웃라인 ② 815로 수놓는다. 프렌치 노트는 1번 감기.

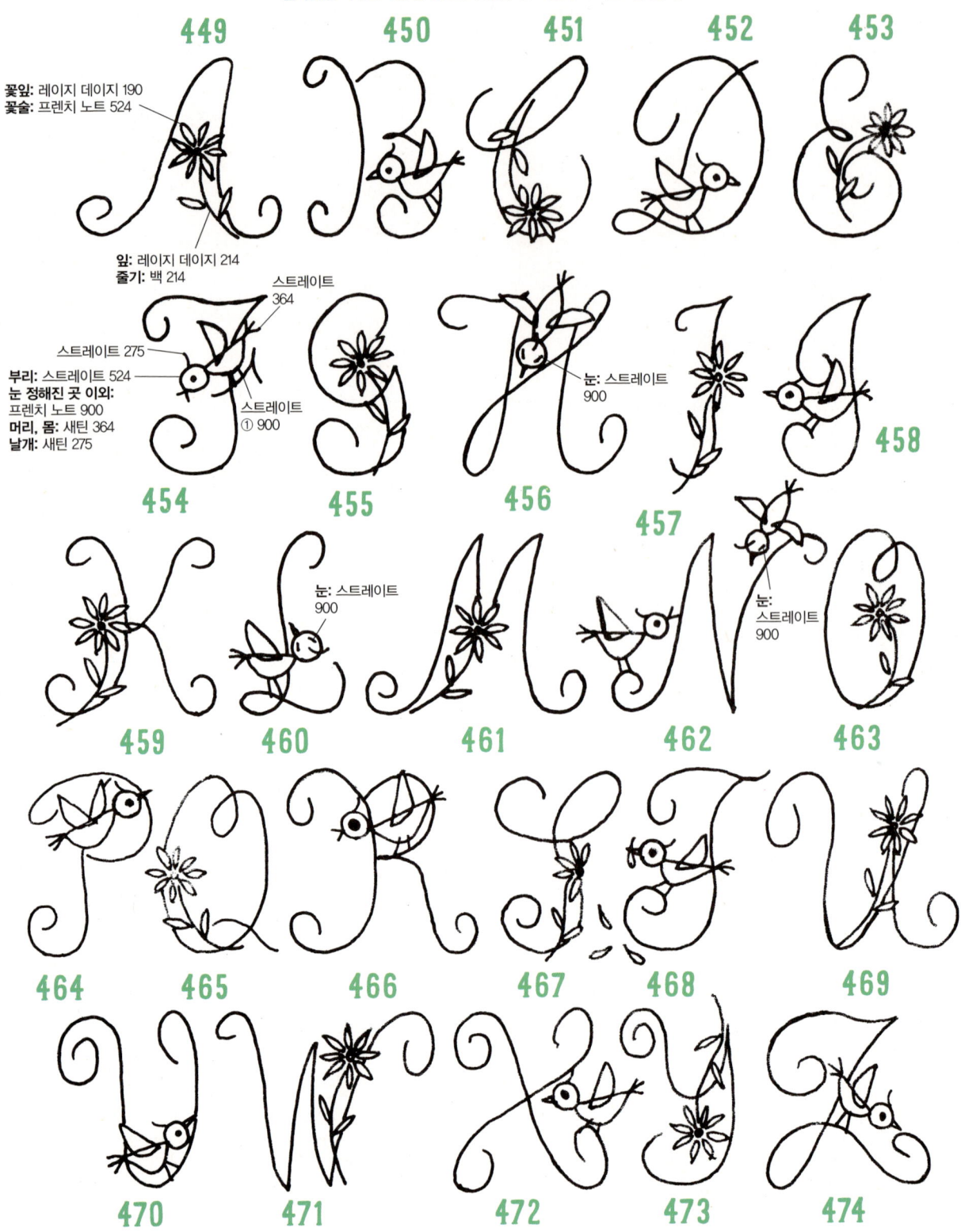

449 **450** **451** **452** **453**

꽃잎: 레이지 데이지 190
꽃술: 프렌치 노트 524

잎: 레이지 데이지 214
줄기: 백 214

스트레이트 364

스트레이트 275

부리: 스트레이트 524
눈 정해진 곳 이외:
프렌치 노트 900
머리, 몸: 새틴 364
날개: 새틴 275

스트레이트 ① 900

눈: 스트레이트 900

454 **455** **456** **457** **458**

눈: 스트레이트 900

눈: 스트레이트 900

459 **460** **461** **462** **463**

464 **465** **466** **467** **468** **469**

470 **471** **472** **473** **474**

○ 안은 실 가닥수, 정해진 곳 이외에는 1가닥. 숫자는 색 번호.
알파벳은 아웃라인 ② 2042로 수놓는다. 프렌치 노트는 2번 감기.

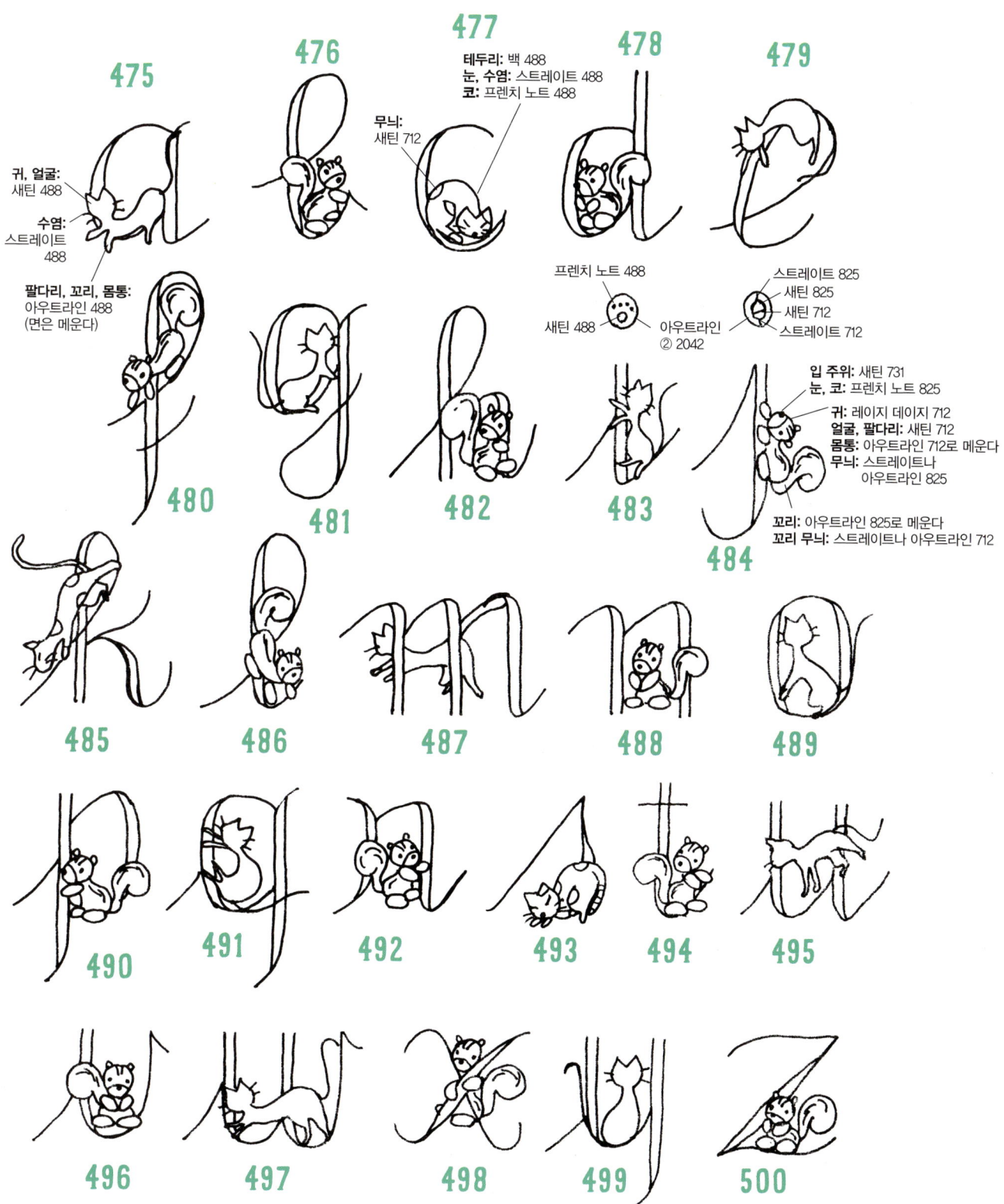

475

귀, 얼굴:
새틴 488
수염:
스트레이트
488
팔다리, 꼬리, 몸통:
아웃라인 488
(면은 메운다)

476

477
테두리: 백 488
눈, 수염: 스트레이트 488
코: 프렌치 노트 488
무늬:
새틴 712

478

479

프렌치 노트 488
새틴 488
아웃라인
② 2042

스트레이트 825
새틴 825
새틴 712
스트레이트 712

480

481

482

483

입 주위: 새틴 731
눈, 코: 프렌치 노트 825
귀: 레이지 데이지 712
얼굴, 팔다리: 새틴 712
몸통: 아웃라인 712로 메운다
무늬: 스트레이트나
아웃라인 825

484

꼬리: 아웃라인 825로 메운다
꼬리 무늬: 스트레이트나 아웃라인 712

485

486

487

488

489

490

491

492

493

494

495

496

497

498

499

500

프랑스 자수로 그리는 귀여운 동물 스티치 500

사랑스러운 동물 자수

초판 1쇄 2017년 3월 9일

엮은이 | applemints
옮긴이 | 남궁가윤

펴낸이 | 서인석
펴낸곳 | ㈜제우미디어
출판등록 | 제 3-429
등록일자 | 1992년 8월 17일
주소 | 서울시 마포구 독막로 76-1 한주빌딩 5층
전화 | 02-3142-6845
팩스 | 02-3142-0075
홈페이지 | www.jeumedia.com

ISBN 978-89-5952-554-6

값은 뒤표지에 있습니다.
파본은 본사나 구입하신 서점에서 교환해 드립니다.

| 만든 사람들 |
출판사업부총괄 | 손대현
편집장 | 전태준
기획편집 | 홍지영
기획팀 | 최현준, 이경인, 박건우, 장윤선
영업 | 김영욱, 박임혜
제작 | 김금남
디자인 | 디자인그룹올
인쇄 · 제본 | (주)신우디피케이, 정민제본

ENJOY QUILT
패브릭 DIY의 모든것
엔조이퀼트
〈사랑스러운 동물 자수〉 출간 기념
2,000원 할인 쿠폰 증정
쿠폰 번호 : 4PSA-NPR2-CPO6-V12W
[유효기간 : 2020년 6월 30일까지]
쿠폰 이용 방법
① 사이트접속→회원가입/로그인 후 상단 [마이페이지]→마이페이지 클릭
② 좌측 카테고리에서 쿠폰 클릭→ 쿠폰인증번호 16자리 입력→ 확인/완료
※ 당사의 사정으로 인하여 쿠폰이 조기 종료될 수 있습니다. 문의)02-869-2700
www.enjoyquilt.co.kr
엔조이퀼트 회원만의 특별한 혜택
할인혜택
신규회원 가입시 2,000원 쿠폰증정
첫 구매 감사 기념 2,500원 쿠폰증정
신규회원 "지인추천" 적립금 1,000원 지급
최대 10%할인 "우수회원제도" 혜택
앱 설치시 3,000원 할인 쿠폰 증정!
적립혜택
전상품 1%구매 적립금 지급
신상품(일부제외) 10% 특별 구매 적립금 지급
매월 초 더블 적립금 이벤트
후기 등록시 일반(50원) 포토(200원)
솜씨자랑시 300원 지급